工商管理与经济发展研究

杨少伟◎著

中国商务出版社

·北京·

图书在版编目（CIP）数据

工商管理与经济发展研究 / 杨少伟著. -- 北京：
中国商务出版社，2024.11. -- ISBN 978-7-5103-5511
-0

Ⅰ. F203.9；F061.3

中国国家版本馆 CIP 数据核字第 2025KC1121 号

工商管理与经济发展研究

杨少伟◎著

出版发行：中国商务出版社有限公司

地　　址：北京市东城区安定门外大街东后巷 28 号　邮　　编：100710

网　　址：http://www.cctpress.com

联系电话：010—64515150（发行部）　　010—64212247（总编室）
　　　　　　010—64515164（事业部）　　010—64248236（印制部）

责任编辑：丁海春

排　　版：北京天逸合文化有限公司

印　　刷：宝蕾元仁浩（天津）印刷有限公司

开　　本：710 毫米×1000 毫米　1/16

印　　张：12.5　　　　　　　　　　字　　数：198 千字

版　　次：2024 年 11 月第 1 版　　　印　　次：2024 年 11 月第 1 次印刷

书　　号：ISBN 978-7-5103-5511-0

定　　价：79.00 元

前　言

在当今复杂多变的全球经济环境中，工商管理与经济发展之间的深刻关联日益凸显。本书旨在探讨这两个领域的交叉点，深入分析工商管理实践如何影响和推动经济发展，同时经济发展又如何塑造现代企业管理模式。通过系统性地梳理工商管理的理论基础和经济发展的核心概念，本书为读者提供了一个全面而深入的分析框架。

本书内容特色体现在：首先，将工商管理的各个核心领域，如战略管理、人力资源管理、财务管理、市场营销等，置于经济发展的大背景下进行考察，揭示了微观企业行为与宏观经济表现之间的内在联系。其次，深入探讨了创新管理在推动经济增长中的关键作用，分析了知识经济时代企业创新能力与国家竞争力之间的辩证关系。最后，本书着重强调了管理信息系统与现代技术在促进企业效率和经济发展中的重要性，为理解数字化时代的管理挑战提供了新的视角。

在方法论上，本书采用了跨学科的研究方法，综合运用管理学、经济学、社会学等多学科的理论和分析工具，力求全面而深入地阐释工商管理与经济发展之间的复杂互动关系。不仅关注理论层面的探讨，还通过大量的案例分析和实证研究，为读者提供了丰富的实践洞见。

本书的结构安排遵循从基础理论到具体应用的逻辑进程。首先，回顾了管理理论的历史演变和经济发展的基本概念与指标，为后续讨论奠定了理论基础。其次，逐章深入探讨了战略管理、人力资源管理、财务管理、市场营销等核心管理领域与经济发展的关系。最后，聚焦于创新管理这一关键议题，探讨了企业创新如何推动经济增长，以及政策制定者如何通过优化创新环境促进经济可持续发展。

在全球化和数字化深入发展的今天，工商管理与经济发展的关系比以往任何时候都更为密切。本书提供了一个全新的视角，旨在深化对这一复杂关系的理解，并为推动企业发展和经济繁荣提供有益的启示。通过对工商管理与经济发展的系统性研究，本书期望能够为学术界、企业界和政策制定者提供新的思路和洞见，促进理论与实践的良性互动，最终推动经济的可持续发展。

作　者

2024. 5

目　录

第一章　工商管理基础理论

第一节　管理理论的历史演变

管理理论的演变是一个复杂而漫长的过程，反映了人类社会对组织运作和效率提升的持续探索。本节将系统地梳理管理理论的历史发展脉络，从古典管理理论的萌芽到后现代管理思想的兴起，深入分析各个阶段的理论特征、核心观点以及对实践的影响。

一、古典管理理论的起源与影响

古典管理理论是现代管理学的起点，其形成和发展与工业革命密切相关。这一时期的理论主要关注如何提高生产效率，强调组织的科学化和标准化管理。古典管理理论包括三个主要分支：科学管理理论、行政管理理论和官僚制理论。

1. 科学管理理论

科学管理理论是古典管理理论的重要组成部分，其核心思想是通过科学的方法研究工作流程，以提高劳动生产率。该理论提出了四项基本原则：发展管理的科学方法，取代经验主义的做法；科学地选择和培训工人；将科学研究的结果与经过挑选和培训的工人相结合；在管理者和工人之间建立密切的合作关系。

科学管理理论的贡献在于首次将科学方法应用于管理实践，引入了时间研究和动作研究，推动了标准化作业流程的建立。这一理论对提高工业生产效率产生了重大影响，为现代化大规模生产奠定了基础。然而，科学管理理论也受到批评，主要是因为其过度强调效率而忽视了人的因素，将工人视为机器的附属品，忽视了工人的社会需求和心理需求。

尽管存在局限性，科学管理理论仍然是现代管理学的重要基石。它引入的许多概念和方法，如工作分析、标准化、绩效考核等，至今仍在管理实践中广泛应用。同时，它也为后续管理理论的发展提供了重要的参照和反思对象。

2. 行政管理理论

行政管理理论是古典管理理论的另一重要分支，其重点在于研究组织的整体结构和管理原则。该理论提出了管理的五项基本职能：计划、组织、命令、协调和控制。这些职能至今仍被视为管理过程的基本组成部分，对管理实践产生了深远影响。

同时，行政管理理论还提出了 14 项管理原则，包括分工、权力与责任、纪律、命令统一、指挥统一、个人利益服从总体利益、报酬、集权、等级链、秩序、公平、人员稳定、主动性和团结。这些原则为组织的设计和运作提供了系统的指导，对现代组织管理仍有重要参考价值。

行政管理理论的主要贡献在于系统化地阐述了管理的基本职能和原则，为组织的结构设计和运作提供了理论指导。它强调了管理的普遍性，认为管理原则可以适用于各种类型的组织。这一观点极大地推动了管理理论的发展和应用。

然而，行政管理理论也存在局限性，主要表现在过于强调组织的正式结构，而忽视了非正式组织的作用。它倾向于将组织视为一个封闭的系统，忽视了环境因素的影响。此外，其提出的管理原则有时过于僵化，难以适应复杂多变的现实情况。

尽管如此，行政管理理论对现代管理学的发展仍有重要意义。它提供的管理框架和原则为后续理论的发展奠定了基础，许多观点经过修正和完善后仍然适用于当代管理实践。

3. 官僚制理论

官僚制理论是古典管理理论的第三个重要组成部分，其核心是建立一种理想的组织形式，以实现高效率和理性化的管理。官僚制的主要特征包括：明确的职责分工和专业化；层级制度和权力等级；规章制度和标准化程序；非人格化的管理；根据技术资格进行人员选拔和晋升。

官僚制理论强调通过建立明确的规则和程序来实现组织的高效运作。它主张通过专业化分工提高效率，通过层级制度维持秩序，通过标准化程序确保一致性。这种组织模式在当时的社会背景下，特别是对于大型组织的管理，具有重要的革新意义。

官僚制理论对现代组织结构的设计产生了深远影响，为大型组织的高效运作提供了理论基础。它推动了组织管理的规范化和制度化，为现代企业和政府机构的组织结构设计提供了重要参考。许多现代组织的基本特征，如明确的职责划分、层级管理、标准化流程等，都可以追溯到官僚制理论。

然而，官僚制理论也面临诸多批评，主要是因为其可能导致组织僵化、缺乏灵活性和创新能力。过度强调规则和程序可能会抑制员工的主动性和创造性，导致组织对环境变化反应迟缓。此外，官僚制组织中的权力集中也可能导致决策效率低下和滥用权力的问题。

尽管存在这些问题，官僚制理论仍然是理解和设计现代组织的重要理论基础。在实践中，许多组织都在试图平衡官僚制的效率和灵活性的需求，以适应快速变化的环境。

古典管理理论的深远影响，为现代管理学的发展奠定了基础。科学管理理论、行政管理理论和官僚制理论共同强调了管理的科学性和系统性，推动了管理实践的规范化和标准化。它们对提高组织效率、建立规范化管理体系做出了重要贡献。然而，这些理论也普遍存在忽视人的因素、过于强调组织正式结构、缺乏考虑环境因素等局限性。这些问题在后续的管理理论发展中得到了不断的修正和完善，推动了管理学理论的进一步发展。

二、行为科学理论的发展与实践

行为科学理论的兴起是对古典管理理论局限性的一种回应，它将研究重点转向了组织中的人及其行为，强调人际关系和心理因素在管理中的重要性。行为科学理论的发展经历了人际关系理论、行为科学理论和组织行为学三个主要阶段。

1. 人际关系理论

人际关系理论是行为科学理论的先驱，其核心观点是工人的生产效率不仅受到物质因素的影响，更受到社会因素和心理因素的影响。这一理论的主要贡献包括：发现了非正式组织的存在及其重要性；强调了工作中的社会需求和群体动力；提出了参与式管理的概念；重视沟通在组织中的作用。

人际关系理论的研究发现，工人的生产效率不仅取决于工作条件和物质报酬，还受到群体规范、人际关系和工作满足感等因素的影响。这一发现对管理实践产生了深远影响，推动了管理方式从单纯的指挥和控制转向更多地关注员工的需求和感受。

人际关系理论强调了非正式组织在企业中的重要作用。它指出，除了正式的组织结构外，企业中还存在基于员工之间自发形成的社会关系网络，这种非正式组织对员工行为和组织绩效有重要影响。这一观点丰富了对组织的理解，推动了管理者更多地关注组织的社会心理环境。

此外，人际关系理论还强调了参与式管理的重要性。它主张让员工参与决策过程，以提高工作满意度和组织承诺。这一观点为后来的民主管理、团队管理等理念奠定了基础。

然而，人际关系理论也受到批评，主要是因为过度强调人际关系而忽视了组织的经济目标。一些批评者认为，这一理论过于理想化，低估了组织中的冲突和权力斗争。尽管如此，人际关系理论对管理思想的影响是深远的，它开启了从人性角度研究管理问题的新纪元。

2. 行为科学理论

行为科学理论在人际关系理论基础上进一步发展，它更加系统地运用心理学、社会学和人类学等学科的知识来研究组织行为，其主要观点如下。个体差异：每个人都是独特的，具有不同的需求和动机；整体人格：员工不仅是经济人，也是社会人和自我实现的人；激励理论：提出了需求层次理论、双因素理论等激励模型；领导理论：研究了不同领导风格对组织效能的影响。

行为科学理论强调了个体差异的重要性，认为每个员工都有独特的需求、动机和能力。这一观点对人力资源管理实践产生了重大影响，推动了个性化管理和人才开发策略的发展。

在激励理论方面，行为科学理论提出了多个重要模型。需求层次理论指出人类需求有层次之分，从生理需求到自我实现需求。双因素理论区分了激励因素和保健因素，深化了对工作满意度的理解。这些理论为设计有效的激励机制提供了理论指导。

领导理论是行为科学理论的另一重要贡献。通过研究不同领导风格对组织效能的影响，行为科学理论提出了权变型领导理论、变革型领导理论等重要观点。这些理论丰富了对领导行为的理解，为领导力发展提供了新的思路。

行为科学理论的实践应用主要体现在人力资源管理、组织发展和领导力培养等方面。它推动了管理实践从单纯的控制向激励和发展的转变。然而，这一理论也面临着难以量化和操作化的挑战，有时其研究结果难以直接应用于实践。

3. 组织行为学

组织行为学是行为科学理论的延伸和综合，它研究个人、群体和组织结构对组织内部行为的影响，以及这些行为对组织绩效的作用。组织行为学的主要研究内容：①个体行为：包括个性、态度、知觉、学习、动机等；②群体行为：包括群体动力、团队建设、冲突管理等；③组织过程：包括沟通、决策、权力与政治等；④组织变革与发展：研究如何适应环境变化并持续改进。

组织行为学在个体层面研究了人格、态度、价值观等因素对工作行为的影响。这些研究为员工选拔、培训和绩效管理提供了理论基础。在群体层面，组织行为学研究了团队动力、群体决策、冲突管理等问题，为提高团队效能提供了指导。

在组织层面，组织行为学关注组织文化、组织结构、组织变革等问题。这些研究帮助管理者更好地理解和管理组织的整体运作。特别是在组织变革方面，组织行为学提供了许多有价值的洞见，帮助组织更好地适应环境变化。

组织行为学的实践应用极为广泛，涵盖了从员工中选拔、培训到组织设计、变革管理等多个方面。它为管理者提供了理解和预测组织行为的工具，有助于提高管理效能。然而，组织行为学也面临一些挑战，如如何在不同文化背景下应用其理论，如何平衡科学研究和实践需求等。

行为科学理论的发展极大地丰富了管理学的内容，使管理实践更加人性化和科学化。它强调了人在组织中的中心地位，推动了参与式管理、团队管理等新型管理模式的形成。然而，行为科学理论也面临着一些挑战，如如何平衡人性化管理与组织效率、如何在复杂多变的环境中应用其理论等问题。这些挑战推动了管理理论的进一步发展，为系统理论和后现代管理理论的兴起铺平了道路。

三、系统理论在管理学中的应用

系统理论的引入标志着管理学研究视角的重大转变，它将组织视为一个由相互关联的部分组成的整体，强调各部分之间以及组织与环境之间的相互作用。系统理论为理解和管理现代组织的复杂性提供了重要的理论工具。

1. 系统理论的基本概念

系统理论在管理学中的应用基于以下几个核心概念：整体性、相互依存性、开放性、反馈机制和等终性。整体性强调系统作为一个整体，其功能大于各部分功能的简单相加。这一观点对理解组织的整体效能至关重要，它提醒管理者不能仅关注单个部门或流程的优化，而要考虑整体协同效应。相互依存性指出，系统中的各个子系统相互依存、相互影响。在组织管理中，这一概念强调了不同部门、不同职能之间的协调与合作的重要性。开放性概念将组织视为开放系统，与外部环境不断进行物质、能量和信息的交换。这一观点极大地拓展了管理者的视野，强调了对外部环境变化的适应性。反馈机制强调系统通过反馈来调节自身行为，保持动态平衡。这一概念为组织的自我调节和持续改进提供了理论基础。等终性指出系统可以通过不同的途径达到同一目标，这一观点为组织管理提供了更大的灵活性。

以上概念为管理者提供了一个全新的分析框架，有助于理解组织的复杂性和动态性，推动了管理思维从线性、静态向非线性、动态的转变。

2. 系统理论在组织管理中的应用

系统理论在组织管理中的应用主要体现在以下几个方面：

首先，在组织设计方面，系统理论强调组织结构应当与环境相适应。这一观点推动了权变理论和矩阵式组织等新型组织形式的发展。权变理论主张没有放之四海而皆准的最佳组织结构，组织设计应根据具体情境而定。矩阵式组织则是一种融合了职能部门和项目团队的灵活组织形式，旨在应对复杂多变的环境。

其次，在战略管理方面，系统思维促使管理者更加关注组织与环境的互动，强调战略制定应考虑内外部因素的综合影响。这一观点推动了 SWOT 分析（态势分析法）等战略管理工具的广泛应用，帮助组织在复杂环境中制定更加全面和适应性强的战略。

在决策理论方面，系统理论强调决策过程中需要考虑决策的连锁反应和长期影响。这一观点推动了系统动力学等决策支持工具的发展，帮助管理者更好地理解和预测复杂系统中的决策后果。

在质量管理领域，全面质量管理（TQM）就是系统理论在质量管理中的具体应用。TQM 强调质量是整个组织系统的产物，需要从整体角度进行管理。这一理念极大地提升了组织的质量管理水平。

最后，在信息管理方面，系统理论为管理信息系统的设计和实施提供了理论基础，强调信息在组织各子系统间的流动和整合。这一观点推动了企业资源规划（ERP）等综合信息系统的发展，提高了组织的信息处理能力和决策效率。

3. 权变理论

权变理论是系统理论在管理学中的重要延伸，它强调没有放之四海而皆准的管理原则，管理的有效性取决于具体情境。权变理论的核心观点包括：

组织的有效性取决于组织特征与环境之间的匹配程度；管理方法的选择应考虑任务性质、环境特征和人员特点等因素；不同的组织结构适用于不同的环境条件；领导风格的有效性取决于具体情境。

权变理论对管理实践产生了深远影响。它提醒管理者需要根据具体情况选择适当的管理方法，而不是盲目套用某种"最佳实践"。在组织设计方面，权变理论推动了有机式组织结构的发展，这种结构更适合快速变化的环境。在领导理论方面，权变理论催生了情境领导理论，强调领导者需要根据下属的成熟度选择适当的领导方式。

权变理论的实践应用推动了管理的灵活性和适应性，但也增加了管理的复杂性。它要求管理者具有较高的分析能力和判断力，能够准确把握情境特征并做出恰当的管理决策。

4. 系统理论的局限性与发展

尽管系统理论为管理学提供了全新的视角，但它也存在一些局限性。首先，系统理论有时过于抽象，难以直接操作。其次，过度强调整体可能导致忽视局部的重要性。再次，在实际应用中，准确界定系统的边界往往存在困难。最后，系统理论可能低估人的主观能动性在组织中的作用。

为了克服这些局限性，系统理论在管理学中不断发展。复杂性理论是系统理论的重要发展，它关注非线性系统的行为特征，强调小的变化可能导致大的结果。这一理论为理解和管理组织中的突发事件和急剧变化提供了新的视角。

混沌理论是另一个重要的发展方向，它研究看似随机的现象背后的内在规律。在管理学中，混沌理论提醒管理者需要在不确定性中寻找秩序，培养组织的适应能力和创新能力。

此外，自组织理论也是系统理论的重要延伸。它研究系统如何在没有外部干预的情况下自发形成秩序。这一理论为理解和促进组织的自我管理和创新提供了新的思路。

系统理论的引入极大地拓展了管理学的研究视野，推动了管理理论和实践向更加综合、动态和灵活的方向发展。它为理解和管理现代组织的复杂性提供了重要的理论工具，但同时也对管理者提出了更高的要求。系统理论的发展仍在继续，新的理论分支不断涌现，为应对日益复杂的管理环境提供了新的洞见。

四、后现代管理理论的兴起与挑战

后现代管理理论是对传统管理理论的反思和超越，它反映了后工业时代组织环境的巨大变化和新的管理挑战。后现代管理理论强调不确定性、多元化和非线性思维，对管理的本质和实践提出了新的见解。

1. 后现代管理理论的基本特征

后现代管理理论具有以下几个基本特征：反基础主义、去中心化、强调差异、关注权力关系、重视语言和符号。反基础主义质疑普遍适用的管理原则，强调知识的情境性和多元性。这一观点挑战了传统管理理论追求普适性原则的做法，强调管理知识的相对性和多样性。去中心化挑战传统的等级制结构，倡导扁平化和网络化的组织形式。这一特征反映了信息技术发展对组织结构的影响，强调了灵活性和快速响应能力的重要性。强调差异，重视多样性和个性化，反对标准化和同质化。这一观点在人力资源管理和组织文化方面产生了重要影响，推动了多元化管理的发展。关注权力关系是后现代管理理论的另一个重要特征。它探讨组织中的权力动态和话语构建，揭示了管理实践中隐含的权力结构。重视语言和符号则强调了管理实践中的语言、文化和符号的作用，关注这些因素如何塑造组织现实和影响组织成员的行为。

以上特征反映了后现代管理理论对传统管理思维的根本性挑战，为理解和管理当代组织提供了新的视角。

2. 知识管理理论

知识管理理论是后现代管理理论的重要分支，它关注知识在组织中的创造、传播和应用。其核心观点包括：知识是组织最重要的战略资源；隐性知识和显性知识的区分及转化；组织学习和知识创新的重要性；知识共享和知识社区的建设。

知识管理理论强调知识是组织的核心竞争力，这一观点反映了知识经济时代的特征。它区分了隐性知识和显性知识，指出隐性知识的重要性及其转化的复杂性。这一理论还强调了组织学习的重要性，认为持续学习是组织保持竞争力的关键。

知识管理理论的实践应用推动了学习型组织的建设，强调了持续学习和创新在组织发展中的关键作用。它促进了知识共享平台的建立，推动了组织内部知识的有效流动和利用。然而，知识管理也面临着如何有效识别和利用隐性知识、如何激励知识共享等挑战。

3. 组织文化理论

组织文化理论是另一个重要的后现代管理理论分支，它关注组织中共享的价值观、信念和行为模式。其主要观点包括：组织文化是组织的核心竞争力之一；文化对组织成员行为有深远影响；领导者在塑造和改变组织文化中起关键作用；文化管理应考虑组织的特殊性和环境因素。

组织文化理论强调了"软"因素在组织管理中的重要性，认为组织文化可以成为组织的核心竞争优势。它指出文化对组织成员的行为有潜移默化的影响，因此文化管理成为领导者的重要任务。这一理论还强调了组织文化的独特性，反对简单模仿其他组织的文化。

组织文化理论的应用促进了管理者对软实力的重视，推动了价值观管理和企业文化建设的实践。然而，组织文化的管理也面临着如何在保持文化稳定性的同时促进文化创新、如何在全球化背景下管理多元文化等挑战。

4. 创新管理理论

创新管理理论反映了后现代环境下组织对持续创新的需求。其核心观点包括：创新是组织保持竞争力的关键；创新不仅限于技术创新，还包括管理创新、商业模式创新等；创新需要适当的组织环境和管理机制；开放式创新和协同创新的重要性。

创新管理理论强调了创新对组织生存和发展的重要性，特别是在快速变化的环境中。它拓展了创新的概念，强调除技术创新外，管理创新和商业模式创新同样重要。这一理论还关注如何构建有利于创新的组织环境，包括组织结构、激励机制、文化氛围等方面。

创新管理理论的应用推动了组织创新能力的提升，促进了创新生态系统的构建。然而，创新管理也面临着如何平衡创新与效率、如何管理创新风险等挑战。

后现代管理理论反映了管理思想对复杂性、多样性和不确定性的深入认识。它为理解和管理当代组织提供了新的视角和工具，但也带来了新的挑战。后现代管理理论强调了管理的复杂性和情境性，要求管理者具备更高的分析能力和适应能力。同时，它也面临着如何将理论洞见转化为实际管理工具的挑战。

管理理论的历史演变反映了人类对组织和管理的认识不断深化的过程。从古典管理理论到后现代管理理论，每个阶段都对前人的理论进行了批判和继承，并根据新的社会经济环境提出了新的洞见。这一演变过程不仅丰富了管理学的理论体系，也为实践管理者提供了多元的思考角度和行动指南。

然而，管理理论的发展并非简单的线性过程，而是呈现出螺旋上升的趋势。新理论的出现并不意味着旧理论完全过时，相反，许多经典理论的核心思想在经过修正和完善后，仍然在当代管理实践中发挥着重要作用。因此，全面理解管理理论的历史演变，对于深化管理认知、提高管理效能具有重要意义。

在未来，随着技术进步、全球化深入和社会价值观的变迁，管理理论必将继续演进。人工智能、大数据、可持续发展等新兴议题将为管理学带来新的研究方向和挑战。管理学作为一门实践性很强的学科，其理论发展将继续与实践紧密结合，不断探索更有效的组织管理方式，以应对日益复杂的管理环境。

第二节　现代工商管理的核心原则

现代工商管理面临着复杂多变的经营环境和日益激烈的市场竞争。为了在这样的环境中保持竞争优势并实现可持续发展，企业需要遵循一系列核心管理原则。本节将详细探讨现代工商管理的四个核心原则：战略性思维与长期规划、领导力与组织文化塑造、质量与效率的持续改进、社会责任与可持续发展。这些原则不仅反映了当代管理理论的最新发展，也体现了成功企业的实践经验。

一、战略性思维与长期规划

战略性思维与长期规划是现代工商管理的首要原则，它强调企业要具备前瞻性视野，制定长远发展计划，并在日常经营中保持战略导向。

1. 战略性思维的内涵与重要性

战略性思维是一种高层次的思维方式，它要求管理者跳出日常运营的细节，从全局和长远的角度思考企业的发展方向。这种思维方式的核心特征包括：

首先，全局性。战略性思维要求管理者能够综合考虑企业内外部各种因素，包括市场趋势、技术发展、竞争态势、内部资源等，形成对企业发展环境的整体认知。

其次，长远性。战略性思维强调对未来的预测和规划，通常考虑 3~5 年甚至更长时间的发展前景，而不仅仅关注短期利益。

再次，创新性。战略性思维鼓励突破常规，探索新的发展机会和商业模式，而不是简单地沿袭过去的做法。

最后，系统性。战略性思维要求管理者能够理解企业各个部分之间的相互关系，以及企业与外部环境的互动，从系统的角度制定和实施战略。

战略性思维对现代企业管理至关重要。在快速变化的商业环境中，只有具备战略性思维，企业才能及时识别机遇和威胁，做出正确的战略选择。它有助于企业明确发展方向，优化资源配置，提高决策质量，最终实现可持续发展。

2. 长期规划的制定与实施

长期规划是战略性思维的具体体现，它将企业的战略意图转化为可操作的行动计划。长期规划通常包括以下几个关键步骤：

第一，环境分析。这包括对宏观环境（如政治、经济、社会、技术因素）和行业环境（如竞争格局、客户需求、供应链状况）的深入分析，以及对企业内部资源和能力的评估。

第二，愿景和使命的确立。企业需要明确自身的存在价值和长期发展目标，这将为后续的战略制定提供指导。

第三，战略目标的设定。基于环境分析和企业愿景，制定具体、可衡量、可实现、相关和有时限的战略目标。

第四，战略方案的制定。这包括确定企业的竞争战略（如成本领先、差异化或聚焦战略）和增长战略（如市场渗透、市场开发、产品开发或多元化）。

第五，行动计划的制定和资源配置。将战略目标分解为具体的行动计划，并合理分配人力、财务和技术资源。

长期规划的实施是一个持续的过程，需要定期评估和调整。企业应建立有效的监控和反馈机制，及时发现计划执行中的偏差，并根据环境变化做出必要的战略调整。

3. 战略管理的动态性与灵活性

尽管长期规划强调稳定性和连续性，但现代战略管理更加强调动态性和灵活性。这是因为当今商业环境变化迅速，不确定性高，固化的战略可能很快失效。因此，企业需要在坚持长期战略方向的同时，保持战略的灵活性。

动态战略管理的核心是持续的战略学习和调整。企业需要建立快速响应机制，及时捕捉市场信号，评估新的机会和威胁。同时，应该培养组织的战略敏感性，鼓励各级管理者参与战略思考和讨论，形成自下而上和自上而下相结合的战略制定机制。

此外，企业还应该注重战略实验。面对风险不确定的环境，企业可以采取小规模、低成本的战略试验，快速验证新的想法，并根据反馈及时调整战略方向。

4. 战略执行与组织能力建设

战略的价值最终要通过有效执行来实现。然而，许多企业在战略执行中面临挑战，出现战略与执行脱节的问题。为了提高战略执行力，企业需要注重以下几个方面：

首先，加强战略沟通。确保组织各层级都理解并认同战略目标，形成共识。

其次，调整组织结构和流程。确保组织设计与战略要求相匹配，消除可能阻碍战略执行的结构性障碍。

再次，建立与战略相一致的绩效管理和激励机制。将战略目标分解到部门和个人层面，并与绩效评估和奖励挂钩。

最后，持续提升组织能力。识别实现战略目标所需的关键能力，并通过培训、招聘或并购等方式不断强化这些能力。

战略性思维与长期规划为企业提供了清晰的发展方向和行动指南。然而，它们的有效性取决于企业如何在日常管理中贯彻这一原则，如何平衡长期目标与短期压力，以及如何在保持战略定力的同时保持对环境变化的敏感性和适应性。

二、领导力与组织文化塑造

领导力和组织文化是现代工商管理中两个密不可分的核心要素。卓越的领导力能够塑造积极的组织文化，而强大的组织文化又能够支持和强化领导力的发挥。

1. 现代领导力的内涵与特征

现代领导力的概念已经远远超越了传统的命令与控制模式。在当今复杂多变的商业环境中，有效的领导力体现为：首先，愿景塑造能力。领导者需要能够描绘令人信服的未来图景，激发组织成员的热情和承诺。其次，变革管理能力。面对快速变化的环境，领导者必须具备引导组织变革的能力，包括识别变革需求、设计变革方案、推动变革实施等。最后，团队建设能力。现代领导者需要善于组建和管理高效团队，促进团队协作和创新。此外，情商和文化程度也是现代领导力的重要组成部分。领导者需要具备自我认知、自我管理、社会认知和关系管理等能力，并能在多元文化环境中有效工作。

2. 领导力发展与培养

领导力的发展是一个持续的过程，需要系统的培养和实践。企业可以从以下几个方面着手：首先，建立领导力模型。根据企业特点和战略需求，明确界定所需的领导力要素和标准。其次，实施领导力评估。通过多维度评估，帮助领导者认识自身优势和不足。再次，提供有针对性的培训和发展项目。这可能包括课堂学习、行动学习、教练辅导等多种形式。最后，创造实践机会。通过工作轮换、跨部门项目等方式，为潜在领导者提供锻炼和成长的机会。

3. 组织文化的内涵与功能

组织文化是一个组织中共享的价值观、信念和行为规范的总和。它对组织运作有着深远的影响：首先，文化提供了组织身份认同，增强了成员的归属感和凝聚力。其次，文化为组织成员的行为提供了指引，有助于降低管理成本。再次，强大的文化能够成为组织的竞争优势，难以被竞争对手模仿。最后，文化影响组织的适应能力和创新能力，对组织的长期发展至关重要。

4. 组织文化的塑造与变革

组织文化的塑造是一个长期而复杂的过程，需要领导者的持续努力：首先，明确期望的文化特征。这应该与组织的战略和价值观相一致。其次，以身作则。领导者的言行对文化塑造有着关键影响。再次，建立支持性的制度和流程。包括招聘、培训、绩效管理、奖励机制等，都应该与期望的文化相一致。最后，重视符号和仪式的作用。通过各种形式的文化符号和仪式，强化核心价值观。

在面临重大变革时，组织可能需要进行文化变革。这是一个充满挑战的过程，需要领导者的坚定承诺和系统性的努力。文化变革通常需要从改变关键的管理实践开始，逐步影响组织成员的行为和信念。

5. 领导力与组织文化的互动

领导力和组织文化之间存在着密切的互动关系。一方面，领导者通过自身行为和决策塑造组织文化；另一方面，组织文化也会影响领导行为的效果和约束领导者的行为选择。

卓越的领导者能够理解这种互动关系，并有意识地利用文化力量来推动组织发展。他们不仅关注短期的业绩目标，更注重通过文化建设来增强组织的长期竞争力。

领导力与组织文化塑造是现代工商管理中不可或缺的核心原则。它们共同构成了组织的"软实力",在当今知识经济和人才竞争的时代,其重要性不断提升。有效的领导力和积极的组织文化能够激发员工的创造力和承诺,提高组织的适应能力和创新能力,从而为企业的长期成功奠定基础。

三、质量与效率的持续改进

在竞争日益激烈的全球市场中,质量与效率的持续改进已成为企业保持竞争力的关键。这一原则强调企业应不断优化产品、服务和运营流程,以满足客户不断提高的期望,同时提高资源利用效率。

1. 全面质量管理（TQM）

全面质量管理是一种综合性的管理哲学,它将质量视为企业经营的核心,强调全员参与、全过程控制和持续改进。其主要特征包括:

（1）客户导向:质量的定义来自客户需求,企业的各项活动都应以满足和超越客户期望为目标。

（2）全员参与:质量不仅是质量部门的责任,而是每个员工的责任。

（3）过程专注:强调通过改进过程来提高质量,而不仅仅关注最终结果。

（4）持续改进:质量改进是一个永无止境的过程,企业应建立持续改进的机制和文化。

（5）基于事实的决策:强调使用数据和统计方法来分析问题、制定决策。

全面质量管理的实施需要高层管理者的坚定承诺,以及系统性的方法和工具支持。常用的质量管理工具包括统计过程控制（SPC）、质量功能展开（QFD）、失效模式与影响分析（FMEA）等。

2. 精益生产与六西格玛

精益生产和六西格玛是两种广泛应用的质量和效率改进方法。

精益生产源自丰田生产系统,其核心思想是消除一切不增加价值的浪费。精益生产的主要原则包括:

（1）价值流分析:识别并消除流程中的浪费。

（2）拉式生产：根据实际需求组织生产，减少库存。

（3）持续改进：鼓励员工不断寻找改进机会。

（4）标准化：建立最佳实践并持续优化。

六西格玛是一种以数据为驱动的质量改进方法，旨在通过系统化的流程改进和优化，减少生产中的缺陷，提升产品或服务质量。六西格玛项目通常遵循 DMAIC（定义、测量、分析、改进、控制）或 DMADV（定义、测量、分析、设计、验证）的结构化方法。

许多企业将精益生产和六西格玛结合使用，形成"精益六西格玛"方法，既关注效率提升，又注重质量改进。

3. 数字化转型与智能制造

随着信息技术的快速发展，数字化转型已成为提升质量和效率的重要途径。数字化转型涉及以下几个方面：

（1）数据驱动决策：利用大数据和高级分析技术，提高决策的准确性和及时性。

（2）流程自动化：通过机器人流程自动化（RPA）等技术，提高操作效率。

（3）个性化产品和服务：利用数字技术实现大规模定制。

（4）智能制造：结合物联网、人工智能等技术，实现生产的智能化和柔性化。

智能制造是制造业数字化转型的重要方向。它通过信息化和工业化深度融合，实现生产过程的智能感知、优化决策和精准执行。智能制造能够显著提高生产效率、产品质量和资源利用率。

4. 供应链优化

在全球化背景下，企业的质量和效率不仅取决于自身的运营，还与整个供应链的表现密切相关。供应链优化的主要方向包括：

（1）供应链可视化：利用信息技术提高供应链的透明度，实现端到端的可视化管理。

（2）需求预测与计划：运用高级分析技术提高需求预测的准确性，优化库存管理。

（3）供应商管理：建立战略合作关系，共同提升质量和效率。

（4）物流优化：利用智能算法优化运输路线，提高配送效率。

5. 人因工程与工作场所优化

人因工程学（Ergonomics）关注人与工作环境之间的互动，旨在优化工作设计以提高效率和减少疲劳。工作场所优化的主要方向包括：

（1）工作站设计：根据人体工程学原理设计工作站，提高舒适度和效率。

（2）工具改进：开发和使用更符合人体工程学的工具和设备。

（3）工作流程优化：基于人的生理和心理特点，优化工作流程和任务安排。

（4）环境改善：优化照明、温度、噪声等环境因素，创造有利于高效工作的环境。

四、社会责任与可持续发展

在当今全球化和信息化的时代，企业的社会责任和可持续发展已成为现代工商管理的核心原则之一。这一原则强调企业在追求经济利益的同时，还应该考虑其运营对社会和环境的影响，以及如何为社会创造长期价值。

1. 企业社会责任的内涵与发展

企业社会责任（CSR）的概念已经从最初的单纯慈善捐赠，发展为一种全面的管理理念和实践。现代 CSR 的主要内容包括：

（1）经济责任：为股东创造价值，为员工提供就业和发展机会。

（2）法律责任：遵守法律法规，诚信经营。

（3）道德责任：遵循商业道德，公平对待利益相关者。

（4）环境责任：降低环境影响，促进可持续发展。

（5）社会责任：积极参与社会公益，促进社区发展。

CSR 已从边缘化的"锦上添花"发展为战略性的"经营之道"。越来越多的企业将 CSR 纳入核心战略，视其为提升品牌价值、管理风险和创造商业机会的重要途径。

2. 可持续发展战略

可持续发展战略是企业社会责任的高级形式，它强调在经济、社会和环境三个维度上实现平衡发展。可持续发展战略的核心要素包括：

（1）长期视角：关注企业的长期发展，而不仅仅是短期利益。

（2）利益相关者平衡：考虑并平衡各利益相关者的诉求。

（3）创新驱动：通过创新解决可持续发展面临的挑战。

（4）价值链管理：将可持续发展理念贯穿于整个价值链。

（5）透明度和问责制：主动披露可持续发展信息，接受社会监督。

实施可持续发展战略需要企业重新审视其商业模式、产品设计、生产流程和供应链管理等各个环节，寻找经济效益与社会、环境效益的最佳平衡点。

3. 环境管理与绿色经营

环境管理是企业社会责任和可持续发展的重要组成部分。主要内容包括：

（1）环境管理体系：建立 ISO14001 等国际标准的环境管理体系。

（2）清洁生产：采用节能、减排、资源循环利用等技术和方法。

（3）绿色供应链：将环境标准纳入供应商选择和管理过程。

（4）产品生命周期管理：考虑产品从原材料到废弃处理的全生命周期环境影响。

（5）碳管理：制定碳减排目标，实施碳足迹管理。

绿色经营不仅有助于企业履行环境责任，还能带来成本节约、品牌提升等商业利益。

4. 利益相关者管理

有效的利益相关者管理是实现企业社会责任的关键。主要步骤包括：

（1）识别关键利益相关者：包括股东、员工、客户、供应商、社区、政府等。

（2）了解利益相关者诉求：通过调研、对话等方式了解各方需求和期望。

（3）制定利益相关者参与策略：针对不同利益相关者采取适当的沟通和参与方式。

（4）平衡各方利益：在决策中考虑各利益相关者的诉求，寻求共赢。

（5）定期评估和改进：持续评估利益相关者管理的效果，并不断改进。

5. 社会创新与共享价值创造

社会创新是指运用创新方法解决社会问题，同时创造商业价值。共享价值创造（Creating Shared Value，CSV）理念进一步强调，企业应该将社会需求和挑战视为商业机会，通过创新的商业模式同时创造经济价值和社会价值。

实现社会创新和共享价值创造的方法包括：

（1）重新构想产品和市场：开发能够满足社会需求的产品和服务。

（2）重新定义价值链中的生产力：提高资源利用效率，同时创造社会效益。

（3）推动当地产业集群发展：通过培育本地供应商、发展配套产业等方式促进地方经济发展。

6. 企业社会责任报告与信息披露

CSR 报告是企业向社会公开其社会责任履行情况的重要工具。高质量的 CSR 报告应具备以下特征：

（1）全面性：涵盖经济、社会、环境等各个方面的表现。

（2）实质性：重点披露对企业和利益相关者都重要的议题。

（3）可比性：采用标准化的指标，便于横向和纵向比较。

（4）可靠性：数据准确，可以通过第三方验证。

（5）平衡性：客观报告成绩与不足，避免过度美化。

众多国家和地区的监管机构和证券交易所正在推动 CSR 信息披露的规范化和强制化，这将进一步提高企业社会责任管理的重要性。

社会责任与可持续发展已成为现代企业的战略选择。它不仅是企业应对风险、维护声誉的需要，更是创造长期价值、实现永续经营的必由之路。然而，如何将社会责任与企业核心业务有机结合，如何平衡短期利益与长期发展，如何量化社会责任的价值，仍然是企业面临的挑战。未来，随着技术进步、消费者意识提升和政策推动，企业社会责任和可持续发展将在工商管理中扮演越来越重要的角色。

第三节　组织行为与决策理论

组织行为与决策理论是现代工商管理的核心领域之一，它深入探讨了组织中个体、团队和整体的行为模式，以及决策制定的过程和影响因素。本节将系统地阐述这一领域的主要理论和最新发展，为理解和改善组织运作提供重要洞见。

一、个体行为与动机理论

个体行为是组织行为学研究的基础，而动机理论则是理解和预测个体行为的关键。个体行为受多种因素影响，包括个性、价值观、态度、能力等内部因素，以及工作环境、组织文化、领导风格等外部因素。其中，个性是影响个体行为的重要因素。大五人格模型（OCEAN模型）是目前被广泛接受的个性分类方法，包括开放性、尽责性、外向性、宜人性和神经质。了解员工的个性特征有助于进行人岗匹配，提高工作效率和满意度。价值观和态度也显著影响个体行为。价值观是个人对是非善恶的基本判断，而态度则是对特定对象的评价倾向。工作相关的重要态度包括工作满意度、组织承诺和工作投入。这些态度与工作绩效、离职倾向等重要结果变量密切相关。研究表明，积极的工作态度通常与更高的工作绩效和更低的离职率相关联。

动机理论试图解释是什么驱使个体采取特定行为。需求层次理论、双因素理论、期望理论和公平理论是几个经典的动机理论。需求层次理论将人的需求分为五个层次：生理需求、安全需求、社交需求、尊重需求和自我实现需求。虽然这一理论在细节上受到质疑，但其核心思想——人有不同层次的需求，且高层次需求只有在低层次需求得到基本满足后才会显现——仍被广泛接受。

双因素理论区分了保健因素（如工作条件、薪酬等）和激励因素（如成就感、认可等）。该理论指出，消除不满并不等同于提供满足，管理者需要同时关注这两类因素。这一理论对工作设计和激励制度的设计产生了深远影响，提醒管理者不能仅依赖于改善工作条件来提高员工满意度，还需要提供有挑战性的工作内容和成长机会。

期望理论强调个体行为是基于对结果的期望和价值评估。根据这一理论，动机强度取决于努力—绩效期望、绩效—结果期望和结果效价三个因素的乘积。这一理论为设计有效的激励制度提供了理论基础，强调了明确目标、建立绩效与奖励之间清晰联系的重要性。

公平理论关注个体对自己的投入—产出比与他人的比较。感知到不公平会导致员工调整其行为或认知，以恢复公平感。这一理论强调了组织公平感在员工激励中的重要性，提醒管理者需要建立透明、公正的评价和奖励机制。

近年来，自我决定理论得到越来越多的关注。该理论区分了内在动机和外在动机，强调满足自主性、胜任感和关联性三种基本心理需求对内在动机的重要性。这一理论为设计更有效的工作环境和激励机制提供了新的视角，强调了赋予员工更多自主权、提供成长机会和促进团队凝聚力的重要性。

理解这些动机理论有助于管理者设计更有效的激励制度和工作环境，从而提高员工的工作动机和绩效。然而，需要注意的是，不同的理论可能在不同情境下更为适用，管理者需要根据具体情况灵活运用这些理论。此外，随着工作性质和员工期望的变化，动机理论也在不断发展。例如，近年来关于工作意义感的研究显示，找到工作的意义和价值对员工的长期动机有重要影响。

二、团队动力学与协作机制

在现代组织中，团队工作日益普遍，理解团队动力学和建立有效的协作机制变得越来越重要。团队形成通常经历形成期、动荡期、规范期、执行期和休整期五个阶段。每个阶段都有其特点和挑战，管理者需要根据团队所处的阶段采取适当的领导策略。例如，在形成期，明确目标和角色分工至关重要；而在动荡期，则需要积极管理冲突，促进团队凝聚力的形成。了解这些阶段有助于管理者预先模拟可能出现的问题，并采取相应的干预措施。

团队效能受多种因素影响，包括团队构成、团队规模、凝聚力、规范和角色等。在团队构成方面，多样性是一把"双刃剑"：它可以带来创新和全面的视角，但也可能增加沟通难度和冲突。适度的多样性和互补性通常能带来最佳效果。研究表明，在认知多样性和人口统计多样性之间取得平衡，可以最大化团队创新潜力，同时减轻沟通障碍。

团队规模也是一个重要因素。较小的团队通常沟通更为顺畅，但可能缺乏资源和多样性；较大的团队虽然资源丰富，但可能面临协调困难和社会懈怠问题。随着任务复杂性的增加，可能需要规模更大的团队。管理者需要根据任务性质和可用资源来确定最适合的团队规模。

凝聚力是团队成员之间的吸引力和认同感。高凝聚力可以提高团队满意度和生产力，但也可能导致群体思维。管理者需要在促进凝聚力的同时，保持足够的开放性和批评性思维。建立共同目标、促进开放沟通、鼓励健康的辩论都是提高凝聚力同时避免群体思维的有效策略。

团队规范是团队成员共同遵守的行为准则。积极的规范（如高质量标准、开放沟通）可以显著提升团队绩效。管理者可以通过明确期望、以身作则和及时反馈来塑造积极的团队规范。此外，鼓励团队成员参与制定和维护这些规范也有助于增强规范的影响力。

促进团队协作的机制包括建立共同目标、明确角色和责任、开放沟通、冲突管理、信任建设、跨功能协作和绩效反馈等。建立共同目标确保团队成员对团队目标有清晰而一致的理解，这有助于将个人努力与团队目标对齐。明确角色和责任让每个成员都清楚自己的角色和对团队的贡献，减少角色冲突和重叠。

开放沟通是有效团队协作的基础。建立畅通的沟通渠道，鼓励成员分享信息和想法，可以提高决策质量和创新能力。冲突管理技能对于维护团队和谐至关重要。将冲突视为改进的机会，培养建设性处理分歧的能力，可以将潜在的破坏性冲突转化为团队成长的动力。

信任是高效团队的基石。通过团队建设活动、透明决策等方式培养团队信任，可以提高信息共享的意愿和协作的效率。跨功能协作打破部门壁垒，促进不同背景和专业的成员之间的合作，有助于解决复杂问题和推动创新。定期提供团队和个人层面的绩效反馈，可以促进持续改进，确保团队始终朝着正确的方向前进。

三、决策制定过程与影响因素

决策是管理的核心活动之一，理解决策制定的过程和影响因素对提高决策质量至关重要。理性决策模型包括以下步骤：确定问题、确定决策标准、权衡标准、生成方案、评估方案、选择最佳方案。这一模型假设决策者能够获取完整信息，并有能力处理所有相关信息。然而，在现实中，决策者常常面临时间压力、信息不完整和认知限制等挑战。尽管如此，理性决策模型仍然为系统性决策提供了有价值的框架，特别是在处理重大、复杂的决策问题时。

有限理性理论认识到人类认知能力的局限性，指出决策者通常会寻求"满意"而非"最优"的解决方案。这一理论强调了简化决策过程的重要性，例如使用启发式方法来处理复杂问题。有限理性理论为理解实际决策行为提供了更现实的视角，同时也启发了许多实用的决策技巧，如设定满意水平来简化选择过程。

直觉决策是基于经验和潜意识处理的快速决策方式。虽然直觉决策在某些情况下（如高度不确定、时间紧迫的环境）可能很有效，但也容易受到认知偏差的影响。研究表明，专家的直觉在其专业领域内通常比新手更准确，这是因为他们能够快速识别模式和关键信息。然而，即使是专家也应该警惕过度依赖直觉，特别是在面对新颖或复杂情况时。

影响决策的主要因素包括个体因素、组织因素、环境因素和认知偏差。个体因素如决策者的知识、经验、价值观和认知风格，会影响其对问题的理解和方案的评估。组织因素如组织文化、权力结构和决策程序，会塑造决策的可用选项。环境因素如时间压力、不确定性和利益相关者的影响，会限制决策的条件和可能的结果。

认知偏差是影响决策质量的重要因素。常见的认知偏差包括锚定效应、确认偏误、过度自信、可得性偏差和框架效应等。了解这些偏差有助于决策者采取措施来减轻其影响，如主动寻求不同观点、使用结构化决策工具等。

为了提高决策质量，管理者可以采取以下策略：提高情报收集能力，确保获得充分、准确的信息；培养批判性思维，鼓励多元观点和建设性质疑；使用结构化决策工具，如决策树、情景分析等；建立多样化的决策团队，减少个体偏见的影响；进行决策后复盘，从经验中学习和改进；在适当的情况下，结合定量分析和定性判断。

近年来，大数据和人工智能技术为决策提供了新的支持。这些技术可以帮助决策者处理海量数据、识别模式和预测趋势。然而，如何平衡算法决策和人类判断，如何确保决策的伦理性和透明度，成为新的挑战。此外，敏捷决策的概念也越来越受到重视。在快速变化的环境中，能够快速做出决策并根据反馈进行调整变得越来越重要。这要求组织建立更灵活的决策机制，授权前线员工，并培养快速学习和适应的能力。

四、组织结构与决策效率

组织结构对决策效率有重要影响。不同的组织结构适合不同的环境和战略，影响着信息流动、权力分配和决策速度。传统的组织结构类型包括职能型结构、事业部制结构、矩阵型结构和网络型结构。职能型结构按照专业化职能划分部门，有利于专业化和规模经济，但可能导致部门间协调困难。事业部制结构按产品、地区或客户群划分相对独立的部门，有利于快速响应市场，但可能导致资源重复。矩阵型结构结合职能型和项目型结构，增加灵活性，但可能导致权责不清。网络型结构强调灵活性和外部合作，适合快速变化的环境，但管理和控制较为困难。

这些结构类型对决策效率的影响主要体现在以下方面：

首先，集权与分权的程度。集权有利于决策一致性，但可能导致决策缓慢；分权提高响应速度，但可能导致决策不一致。管理者需要根据环境复杂性和变化速度来平衡集权与分权。

其次，层级数量。扁平化结构通常能提高决策速度，但可能增加管理跨度。在决定组织层级时，需要考虑信息处理需求、控制幅度和决策效率之间的平衡。

再次，信息流动。组织结构影响信息在组织中的流动速度和质量，进而影响决策的及时性和准确性。建立有效的信息系统和沟通机制可以改善信息流动，提高决策效率。

最后，跨部门协作。某些结构（如矩阵型）更有利于跨部门决策，但也可能增加协调成本。在设计组织结构时，需要考虑如何促进跨部门合作，以应对复杂的决策问题。

近年来，新型组织形式如蜂巢组织、全息组织等概念的出现，为组织结构设计提供了新的思路。这些新型结构强调自组织、网络化和高度灵活性，旨在应对易变、不确定、复杂、模糊环境下的决策挑战。例如，蜂巢组织模型强调建立小型、自主的团队单元，这些团队可以根据需要快速重组，以应对不同的任务和挑战。这种结构可以显著提高决策速度和灵活性，但也对员工的自主性和跨功能能力提出了更高要求。全息组织概念则强调每个组织单元都包含整个组织的缩影，具备独立运作的能力。这种设计可以提高组织的适应性和恢复力，但也增加了管理的复杂性。此外，数字化转型也正在深刻影响组织结构和决策方式。数字化工具不仅改变了信息流动方式，还使得远程协作和实时决策成为可能。例如，云计算和协作平台使得组织可以更容易地采用分布式决策模式，减少对传统层级结构的依赖。

人工智能和大数据分析的应用也正在改变决策过程。这些技术可以处理海量数据，识别隐藏的模式，为决策提供更多支持。然而，如何在利用技术的同时保持人类判断的价值，如何确保算法决策的透明度和公平性，成为新的挑战。

组织结构与决策效率之间存在密切的关系。在设计组织结构时，需要考虑组织的战略目标、环境特征、技术条件等多重因素。同时，随着环境的变化和技术的发展，组织需要保持结构的灵活性，不断调整以适应新的决策需求。未来，成功的组织可能是那些能够在稳定性和灵活性、效率和创新、集中化和分散化之间找到平衡的组织。

组织行为与决策理论为理解和改善组织中的个体、团队和整体行为提供了重要洞见。在快速变化的商业环境中，灵活运用这些理论，建立适应性强的组织结构和决策机制，将成为组织保持竞争力的关键。同时，随着技术进步和工作方式的变革，这一领域也在不断拓展，为管理实践提供新的视角和工具。管理者需要持续学习和适应，才能在复杂多变的环境中做出高质量的决策，引领组织走向成功。

第四节 管理信息系统与信息技术在经济发展中的作用

管理信息系统和信息技术在现代经济发展中扮演着越来越重要的角色。它们不仅革新了管理实践，还深刻影响了组织决策、运营效率和创新能力。本节将详细探讨信息技术对管理和经济发展的多方面影响。

一、信息技术对管理实践的革新

信息技术的快速发展为传统管理实践带来了深刻的变革。这些变革主要体现在组织的沟通方式、业务流程、组织结构、工作方式、管理控制以及创新模式等多个方面。

首先，信息技术彻底改变了组织的沟通方式和信息流动。电子邮件、即时通信、视频会议等工具大大提高了沟通的速度和效率，打破了地理和时间的限制。这不仅加快了决策过程，还促进了跨部门、跨地域的协作。企业社交平台的应用增强了组织内部的知识共享和创新。例如，许多跨国公司通过企业社交平台建立了全球范围内的虚拟团队，实现了 24 小时不间断的项目协作。这种新型沟通方式不仅提高了工作效率，还促进了组织文化的融合和创新思想的碰撞。

其次，信息技术推动了业务流程的重塑。企业资源规划（ERP）系统、客户关系管理（CRM）系统等的广泛应用，使得企业能够更好地整合和优化各个业务环节。这不仅提高了运营效率，还增强了企业对市场变化的响应能力。例如，供应链管理系统的应用使得企业能够实现精益生产，降低库存成本，提高供应链的敏捷性。一些领先的制造企业通过实时监控生产线和库存状况，能够快速调整生产计划，实现按需生产，大大减少了库存积压和资金占用。同时，这些系统还为管理者提供了全面的业务视图，有助于做出更加明智的决策。

再次，信息技术促进了组织结构和工作方式的变革。远程办公、虚拟团队等新型工作模式的兴起，使得组织结构更加灵活和扁平化。这不仅提高了组织的适应性，还为员工提供了更大的自主性和工作—生活平衡。云计算和协作平台的发展进一步支持了这种转变，使得分布式工作成为可能。例如，在新冠疫情期间，许多企业通过远程办公工具和云平台，成功实现了业务的连续性。这种新的工作方式不仅降低了办公成本，还扩大了人才招聘的地理范围，使得企业能够吸引全球最优秀的人才。

此外，信息技术改变了管理控制的方式。数字化工具使得管理者能够实时监控业务运营，及时发现和解决问题。大数据分析和人工智能的应用则为绩效评估和风险管理提供了新的手段，使得管理决策更加精准和科学。例如，一些零售企业通过分析销售数据和客户行为，能够精确预测需求，优化库存管理和定价策略。在金融行业，人工智能算法被广泛用于风险评估和欺诈检测，大大提高了风险管理的效率和准确性。

最后，信息技术推动了管理创新。开放式创新平台的应用使得企业能够更好地利用外部资源进行创新；众包和在线协作工具则为解决复杂问题提供了新的途径。这些创新不仅提高了企业的创新效率，还改变了传统的创新模式。例如，一些领先的科技公司通过开放开发者社区，成功构建了庞大的创新生态系统，大大加速了产品迭代和技术创新的速度。

然而，信息技术的应用也带来了新的挑战。首先，信息安全问题，随着数字化程度的提高，企业面临的网络安全威胁也日益增加。其次，如何平衡技术应用和人性化管理，过度依赖技术可能导致员工之间的疏离感增加，影响团队凝聚力。最后，技术的快速更新也给企业带来了持续的压力，如何在保持技术先进性的同时控制成本，成为管理者面临的新挑战。

　　此外，数字化转型还要求管理者具备新的技能和思维方式。传统的管理知识和经验在数字时代可能不再完全适用，管理者需要不断学习新技术、新理念，提高数字化思维和数据分析能力。这也对管理教育和培训提出了新的要求，商学院和企业培训机构需要及时更新课程内容，以适应数字时代的需求。

　　信息技术正在重塑管理实践的各个方面。它不仅改变了企业的运营方式，还深刻影响了管理思维和决策模式。未来，随着人工智能、物联网、区块链等新兴技术的发展，管理实践将继续演进。成功的管理者需要不断学习和适应，在充分利用技术优势的同时，也要注意技术应用可能带来的负面影响，在效率和人性化之间找到平衡。只有这样，才能在数字化时代保持竞争力，引领组织实现可持续发展。

二、数据驱动决策在经济发展中的重要性

　　数据驱动决策（Data-Driven Decision Making，DDDM）已成为现代经济发展中的关键因素。它通过利用数据分析来指导战略规划和日常运营，提高决策的准确性和效率。在经济发展中，数据驱动决策的重要性主要体现在经济预测与政策制定、资源优化配置、风险管理、创新与产品开发以及公共服务改善等多个方面。

　　首先，数据驱动决策显著提高了经济预测和政策制定的准确性。通过分析大量的经济指标和市场数据，政府和企业能够更准确地预测经济走势，制定更有针对性的政策和战略。例如，中央银行可以通过分析实时经济数据来调整货币政策，及时应对经济波动。一些国家的统计部门开始利用大数据技术收集和分析高频经济数据，如移动支付数据、电力消耗数据等，以更及时、准确地把握经济运行状况。在企业层面，大型零售商通过分析销售数据和消费者行为，能够更精准地预测市场需求，优化库存和供应链管理。这不仅提高了企业的经营效率，也为整个行业和经济的平稳运行做出了贡献。

　　其次，数据驱动决策促进了资源的优化配置。通过分析供需数据、消费者行为等信息，企业可以更精准地进行市场定位和资源分配。这不仅提高了

企业的运营效率，还推动了整个经济的结构优化。共享经济模式的兴起就是基于大数据分析，实现了闲置资源的高效利用。例如，网约车平台通过实时分析道路状况和用户需求，能够优化车辆调度，提高资源利用率。在农业领域，精准农业技术利用卫星图像和传感器数据，帮助农民优化种植决策，提高产量并减少资源浪费。这些基于数据的资源配置方式不仅提高了经济效率，还促进了可持续发展。

再次，数据驱动决策显著增强了风险管理能力。通过分析历史数据和实时信息，企业和金融机构能够更好地识别和评估风险，采取适当的风险控制措施。这不仅提高了单个机构的稳定性，还增强了整个经济系统的抗风险能力。例如，信用评分系统的应用大大提高了金融机构的风险管理水平。银行通过分析客户的交易历史、信用记录和社交媒体数据等多维度信息，能够更准确地评估贷款风险。在保险行业，大数据分析被用于欺诈检测和理赔管理，显著降低了运营风险。此外，一些金融科技公司开发了基于人工智能的风险预警系统，能够实时监控市场波动，及时发现潜在风险。这些数据驱动的风险管理手段不仅保护了个体机构的利益，也提高了整个金融体系的稳定性。

此外，数据驱动决策推动了创新和产品开发。通过分析消费者数据和市场趋势，企业能够更快地发现新的市场机会，开发满足消费者需求的新产品。这不仅加速了产品创新周期，还促进了新兴产业的发展。例如，许多科技公司利用用户数据来不断优化和创新他们的产品和服务。社交媒体平台通过分析用户行为数据，不断调整算法以增加用户黏性。电商平台利用购买和浏览数据历史，为用户推荐个性化产品。在制造业，数字孪生技术允许企业在虚拟环境中模拟和测试新产品，大大减少了研发周期和成本。这种数据驱动的创新模式不仅提高了企业的竞争力，也为经济发展注入了新的动力。

最后，数据驱动决策提高了公共服务的效率和质量。政府部门通过分析大量的公共数据，能够更好地了解民众需求，优化公共资源分配，提高公共服务质量。智慧城市项目就是利用大数据来优化城市管理和服务的典型案例。例如，一些城市通过分析交通流量数据来优化交通信号系统，减少拥堵；通过分析能源消耗数据来提高能源使用效率。在医疗卫生领域，大数据分析被用于疾病预防和健康管理，提高了公共卫生系统的效能。这些基于数据的公共服务创新不仅提高了政府效能，也改善了民众的生活质量。

然而，数据驱动决策的应用也面临一些挑战。首要的是数据质量和可靠性问题。决策的质量在很大程度上依赖于数据的准确性和完整性。在大数据时代，如何从海量、多源、异构的数据中提取有价值的信息，如何处理数据中的噪声和偏差，成为关键挑战。其次是数据安全和隐私保护问题。随着数据的广泛收集和使用，如何保护个人隐私和敏感商业信息，如何防范数据泄露和滥用，成为社会各界关注的焦点。这需要建立健全的法律体系和伦理框架，平衡数据使用和隐私保护之间的关系。

此外，如何平衡数据分析和人类直觉、经验在决策中的作用，也是需要深入思考的问题。虽然数据分析能够提供客观、量化的决策依据，但在某些复杂或非常规情况下，人类的洞察力和判断力仍然不可或缺。如何将数据分析与人类智慧有机结合，是数据驱动决策面临的另一个挑战。

尽管存在这些挑战，数据驱动决策在经济发展中的重要性仍在不断增加。未来，随着人工智能和机器学习技术的发展，数据驱动决策的能力将进一步提升，对经济发展的影响也将更加深远。因此，培养数据分析能力，建立数据驱动的决策文化，将成为组织和经济体保持竞争力的关键。

三、信息系统在提升组织效能中的角色

信息系统在提升组织效能方面发挥着关键作用。它们不仅优化了组织的内部运作，还增强了组织与外部环境的互动能力。信息系统对组织效能的提升主要体现在运营效率、决策支持、客户关系管理、知识管理和创新以及供应链管理等多个方面。

首先，信息系统显著提高了组织的运营效率。企业资源规划（ERP）系统整合了组织的各个功能模块，实现了信息的实时共享和业务流程的自动化。这不仅减少了重复工作和人为错误，还大大提高了组织的反应速度。例如，库存管理系统能够实时监控库存水平，自动触发采购订单，从而优化库存管理，降低成本。在制造业，生产执行系统（MES）可以实时监控生产线状态，

自动调整生产计划，提高生产效率和资源利用率。这种全面集成的信息系统不仅提高了各部门的工作效率，还促进了部门间的协作，使得组织能够更加敏捷地应对市场变化。

其次，信息系统极大地增强了组织的决策支持能力。决策支持系统（DSS）和商业智能（BI）工具能够快速处理和分析大量数据，为管理者提供及时、准确的决策支持。这些系统不仅能够生成各种报表和图表，还能进行复杂的情景分析和预测，帮助管理者做出更明智的决策。例如，零售企业可以利用 BI 工具分析销售数据，洞察消费者行为模式，优化产品组合和定价策略。在金融行业，风险管理系统可以实时分析市场数据，评估投资风险，辅助投资决策。这些数据驱动的决策支持工具不仅提高了决策的科学性和时效性，还降低了决策风险。

再次，信息系统显著改善了组织的客户关系管理。客户关系管理（CRM）系统帮助组织更好地了解和服务客户。通过收集和分析客户数据，组织能够提供个性化的产品和服务，提高客户满意度和忠诚度。例如，电子商务平台利用客户关系管理系统进行精准营销，为客户推荐可能感兴趣的产品。在服务行业，客户关系管理系统可以记录客户的服务历史和偏好，使得企业能够提供更加周到和个性化的服务。社交客户关系管理的兴起进一步扩展了企业与客户互动的渠道，使得企业能够更好地倾听和响应客户的声音。这种数据驱动的客户关系管理不仅提高了客户满意度，还帮助企业发现新的市场机会。

此外，信息系统促进了组织的知识管理和创新。知识管理系统（KMS）帮助组织捕捉、存储和共享知识，促进组织学习和创新。这不仅提高了员工的工作效率，还增强了组织的创新能力。例如，许多跨国公司利用 KMS 来促进全球范围内的知识共享和最佳实践推广。企业社交平台的应用进一步促进了员工之间的交流和协作，激发创新思想。在研发领域，协同创新平台使得跨地域、跨部门的团队能够高效协作，加速创新过程。这种基于信息系统的知识管理和创新机制不仅提高了组织的学习能力，还增强了其应对复杂问题的能力。

最后，信息系统显著增强了组织的供应链管理能力。供应链管理系统实现了从供应商到客户的端到端可视化，使得组织能够更好地协调和优化整个供应链。这不仅提高了运营效率，还增强了组织对市场变化的响应能力。例如，许多制造企业利用供应链管理系统来实现精益生产和敏捷制造。通过实时跟踪原材料供应、生产进度和市场需求，企业能够灵活调整生产计划，减少库存积压，提高资金周转率。在零售业，供应链可视化系统使得企业能够更好地预测需求，优化采购和配送，提高库存周转率。这种端到端的供应链管理不仅提高了企业的运营效率，还增强了整个供应链的韧性。

然而，信息系统的应用也面临一些挑战。首先是系统集成的问题，如何整合不同的系统并确保数据的一致性是一个复杂的任务。特别是对于那些通过并购成长的企业，如何整合不同的遗留系统常常是一个巨大的挑战。其次是信息安全的问题，随着网络威胁的增加，如何保护关键数据和系统变得越来越重要。数据泄露和系统故障可能对企业造成巨大损失，因此建立健全的信息安全体系成为企业信息化的重要任务。

此外，如何确保员工能够有效使用这些系统，如何平衡系统标准化和灵活性，也是需要考虑的问题。很多企业在使用 ERP 等大型信息系统时遇到了用户抵制的问题，如何通过培训和变革管理来提高系统的接受度和使用效果，是信息系统工作实施成功的关键。同时，随着业务环境的快速变化，如何在保持系统稳定性的同时保持足够的灵活性以适应变化，也是信息系统设计和管理中的重要挑战。

信息系统已成为提升组织效能的关键工具。它们不仅改变了组织的运营方式，还深刻影响了组织的决策模式和创新能力。随着人工智能、物联网等新兴技术的发展，信息系统的功能和影响力将进一步扩大。未来，成功的组织将是那些能够充分利用信息系统，实现数字化转型，并在此基础上不断创新的组织。管理者需要以战略的眼光看待信息系统，将其视为组织核心竞争力的重要来源，而不仅仅是一种支持性工具。同时，也要认识到技术本身并不能解决所有问题，关键是要将技术与组织的业务流程、管理模式和文化相结合，才能真正发挥信息系统的价值，推动组织的持续发展。

四、技术创新与经济发展的相互促进

技术创新与经济发展之间存在着密切的相互促进关系。一方面，技术创新推动经济发展；另一方面，经济发展为技术创新提供了必要的资源和动力。这种相互促进的关系在当今知识经济时代表现得尤为明显，成为驱动经济持续增长和社会进步的核心动力。

首先，技术创新是经济发展的重要驱动力。它通过多个途径促进经济发展：

（1）提高生产效率：新技术的应用可以显著提高劳动生产率和资源利用效率，从而推动经济增长。例如，工业机器人的广泛应用大大提高了制造业的生产效率。在农业领域，精准农业技术的应用提高了作物产量，降低了资源投入。效率的提升不仅增加了经济产出，还优化了资源配置，促进了可持续发展。

（2）创造新产业：技术创新常常催生新的产业，为经济发展注入新的活力。例如，互联网技术的发展催生了电子商务、社交媒体、云计算等新兴产业。这些新产业不仅创造了大量就业机会，还推动了传统产业的转型升级，成为经济增长的新引擎。

（3）推动产业升级：技术创新促使传统产业转型升级，提高附加值。例如，人工智能技术正在改变金融、医疗、教育等传统服务业的面貌。在制造业，智能制造技术的应用正在推动"工业4.0"的发展，使得产品更加智能化、个性化。这种产业升级不仅提高了产品和服务的质量，还增强了产业的国际竞争力。

（4）增强国际竞争力：掌握核心技术的国家和企业在国际竞争中往往处于优势地位。例如，在5G技术领域的领先地位能为相关企业和国家带来巨大的经济利益。技术创新不仅影响产品的竞争力，还决定了一个国家在全球价值链中的位置。因此，许多国家都将技术创新作为国家战略的重点，以提升整体竞争力。

（5）改善民生：技术创新可以提高公共服务质量，改善人民生活水平。

例如，远程医疗技术的应用提高了医疗资源的可及性，特别是惠及了偏远地区的居民。智慧城市技术的应用改善了城市管理，提高了公共服务效率。这些应用不仅提高了人民生活质量，还促进了社会的和谐发展。

反过来，经济发展也为技术创新提供了重要支持：

（1）提供资金支持：经济发展产生的富余资金可以投入研发活动中，支持技术创新。例如，许多发达国家的研发投入占 GDP 的比重较高。企业利润的增加也使得它们有能力进行更多的研发投资。这种持续的资金投入是技术创新的重要保障。

（2）创造市场需求：经济发展带来的消费升级和产业升级为新技术、新产品创造了市场需求。例如，收入水平的提高推动了智能家电市场的快速发展。新的市场需求不仅为技术创新提供了方向，还为创新成果的商业化提供了条件。

（3）培养人才：经济发展为教育投入提供了资金保障，有利于培养创新人才。同时，发达的经济也能吸引全球优秀人才，形成创新集群。例如，硅谷之所以能够保持创新活力，很大程度上得益于其强大的人才吸引力。

（4）完善基础设施：经济发展使得国家有能力投资建设支持创新的基础设施，如研究实验室、科技园区等。这些基础设施为技术创新提供了必要的物质条件。

（5）优化创新环境：经济发展推动了法律、金融等支持体系的完善，为技术创新创造了良好的环境。例如，风险投资体系的发展为科技创业提供了重要支持，知识产权保护制度的完善则为创新者提供了法律保障。

技术创新与经济发展之间存在着复杂而密切的关系。技术创新为经济发展提供了持续动力，而经济发展又为技术创新创造了有利条件。在知识经济时代，这种相互促进的关系变得越来越重要。然而，我们也需要认识到技术创新可能带来的挑战，如就业结构变化、社会不平等加剧等问题。

未来，随着人工智能、量子计算、生物技术等前沿领域的突破，技术创新对经济发展的影响将更加深远。这不仅会改变产业结构和就业形态，还可能重塑社会组织方式和人类生活方式。因此，需要以更加全面和长远的视角来看待技术创新与经济发展的关系。一方面，要充分发挥技术创新在推动经济发展中的作用。这需要政府、企业、学术界等多方面的共同努力。政府应该制定有利于创新的政策，营造良好的创新环境；企业应该加大研发投入，将创新作为核心竞争力；学术界则应该加强基础研究，为技术创新提供源头支持。另一方面，也要充分认识到技术创新可能带来的社会问题，并积极采取措施加以应对。例如，针对技术变革可能带来的就业问题，需要加强职业培训和教育体系改革，帮助劳动者适应新技术环境。针对技术发展可能加剧的贫富差距问题，需要通过政策调节，确保技术创新的成果能够更加公平地惠及全社会。

此外，在推动技术创新的过程中，还需要特别注意可持续发展问题。技术创新不仅要追求经济效益，还要考虑社会效益和生态效益。例如，在发展新能源技术、环保技术等领域，可以实现经济发展与环境保护的双赢。在全球化背景下，技术创新与经济发展的关系已经超越了国家界限。一个国家或地区的技术创新可能对全球经济产生重大影响。因此，需要加强国际合作，共同应对技术创新带来的全球性挑战，如气候变化、公共卫生等问题。同时，也要警惕技术垄断和技术壁垒可能带来的国际经济秩序失衡问题。

总之，技术创新与经济发展的关系是一个复杂的系统性问题。需要以全面、辩证、长远的视角来看待这一关系，在推动技术创新和经济发展的同时，也要注意解决可能出现的问题，确保发展的可持续性和包容性。只有这样，才能真正实现技术创新与经济发展的良性互动，推动人类社会的整体进步。

第二章　经济发展理论与模式

第一节　经济发展基本概念与指标

经济发展是一个复杂的多维度概念，涉及经济、社会、环境等多个方面。本节将深入探讨经济发展的基本概念、衡量标准、主要指标以及全球视角下的比较分析，为理解经济发展理论与模式奠定基础。

一、经济发展的定义与衡量标准

经济发展是一个国家或地区经济实力、产业结构、技术水平和人民生活水平等方面持续改善的过程。与单纯的经济增长相比，经济发展更强调质的提升和结构的优化。经济发展的定义和衡量标准随着时代的变迁和认知的深化而不断演进。传统上，经济发展主要以国内生产总值（GDP）及其增长率作为核心衡量指标。GDP反映了一个国家或地区在一定时期内生产的全部最终产品和服务的市场价值总和，是衡量经济规模和增长速度的重要指标。然而，随着人们对发展内涵理解的深化，单一依靠GDP来评判经济发展的局限性日益凸显。

首先，GDP未能充分反映收入分配状况。一个国家的GDP可能快速增长，但如果财富集中在少数人手中，大多数人的生活水平可能并未显著改善。因此，需要结合基尼系数等收入分配指标来全面评估经济发展的包容性。其次，GDP 未能直接体现环境成本和自然资源消耗。高 GDP 增长可能以牺牲环境质量和过度消耗不可再生资源为代价。为此，一些学者提出了"绿色 GDP"的概念，试图将环境成本纳入经济核算体系。再次，GDP 无法完全反映生活质量和社会福利。例如，教育水平、医疗条件、社会安全等因素对人们的生活质量有重要影响，但难以在 GDP 中得到充分体现。

鉴于 GDP 的局限性，联合国开发计划署（UNDP）提出了以人类发展指数（HDI）作为衡量一个国家或地区发展水平的综合指标。HDI 综合考虑了预期寿命、教育水平和人均国民收入，试图从健康、知识和生活水准三个维度来评估人类发展状况。HDI 的引入标志着国际社会对发展内涵认识的重大进步，强调了以人为本的发展理念。此外，随着可持续发展理念的普及，一些新的衡量标准也逐渐得到重视。例如，"真实进步指标"（GPI）试图将环境退化、资源损耗、收入分配不平等等因素纳入考量，以更全面地反映经济发展的实际效果。"生态足迹"指标则从资源消耗和生态承载力的角度评估发展的可持续性。

近年来，随着数字经济的蓬勃发展，如何准确衡量新经济形态下的经济发展也成为一个重要课题。传统的 GDP 核算方法可能低估了数字经济的贡献，需要发展新的统计方法和指标体系。经济发展的衡量标准正在从单一的 GDP 指标向多维度、综合性指标体系转变。这种转变反映了人们对发展内涵理解的深化，强调了经济增长、社会进步和环境保护的平衡。然而，需要注意的是，不同的衡量标准可能适用于不同的发展阶段和特定目的。在实际应用中，应根据具体情况选择合适的指标组合，以全面、客观地评估经济发展状况。

二、经济增长与社会发展的关系

经济增长与社会发展是密切相关但又有所区别的两个概念。经济增长通常指一个国家或地区的 GDP 或人均 GDP 的增加，强调的是经济总量或人均产出的扩张。社会发展则是一个更广泛的概念，包括经济、政治、文化、社会等多个方面的进步，强调的是人民生活质量的全面提升和社会结构的优化。

经济增长与社会发展之间存在着复杂的互动关系。一方面，经济增长为社会发展提供了物质基础。经济的持续增长能够创造更多的就业机会、提高居民收入水平、增加政府财政收入，从而为改善教育、医疗、社会保障等公共服务提供资金支持。例如，许多发展中国家通过快速的经济增长，成功地降低了贫困人口比例，提高了人民的生活水平。

另一方面，社会发展也是经济持续增长的重要保障。良好的教育体系能够培养高素质的劳动力，提高人力资源水平，进而推动技术创新和生产效率的提升。健全的医疗卫生系统有助于提高劳动力的健康水平和工作效率。完善的社会保障制度可以增强社会稳定性，为经济发展创造良好的环境。此外，社会发展还能够通过改善收入分配、促进社会公平等途径，增强经济增长的可持续性。然而，经济增长与社会发展之间并非总是呈现正相关关系。在某些情况下，过度追求经济增长可能会损害社会发展。例如，高速经济增长可能导致环境污染和生态破坏，影响人民健康和生活质量；如果经济增长的收益主要集中在少数群体手中，可能加剧社会贫富差距，引发社会矛盾；快速的工业化和城市化可能对传统文化和社会结构造成冲击，引发社会问题；过度追求 GDP 增长可能导致人们的工作压力增大、生活节奏加快，影响生活质量和幸福感。

因此，在制定发展策略时，需要平衡经济增长和社会发展的关系。这就要求政策制定者采取更加全面和长远的视角，不能单纯追求 GDP 增长，而应该关注发展的质量和可持续性。具体而言，可以考虑以下几个方面：推动包容性增长，确保经济增长的成果能够惠及广大民众，减少贫富差距；加强环境保护，实施严格的环境法规，鼓励绿色技术创新，推动经济增长方式向低碳、可持续发展方向转变；完善社会保障体系，建立健全的社会保障网，为弱势群体提供必要的支持，增强社会的稳定性和凝聚力；投资人力资本，加大教育和医疗投入，提高人口素质，为长期经济增长奠定基础；促进文化发展，在推动经济发展的同时，重视文化建设，保护文化多样性，增强社会的软实力；改善治理结构，完善法治体系，提高政府效能，为经济增长和社会发展创造良好的制度环境。

经济增长与社会发展是相互促进、相互制约的辩证关系。在追求经济增长的同时，需要充分关注社会发展的各个方面，实现经济、社会、环境的协调发展。只有这样，才能真正实现可持续的、高质量的经济发展。

三、经济指标的选取与应用

经济指标是量化描述和分析经济现象的重要工具。选择合适的经济指标对于准确评估经济发展状况、制定有效的经济政策至关重要。常用的经济指标可以大致分为以下几类：总量指标，如国内生产总值（GDP）、国民总收入（GNI）等，反映经济的整体规模和增长情况；人均指标，如人均 GDP、人均可支配收入等，反映人民平均生活水平和购买力；结构指标，如三次产业比重、投资率、消费率等，反映经济的内部结构和发展模式；效率指标，如全要素生产率、劳动生产率等，反映经济增长的质量和可持续性；价格指标，如消费者价格指数（CPI）、生产者价格指数（PPI）等，反映物价变动和通货膨胀情况；就业指标，如就业率、失业率等，反映劳动力市场状况和经济活力；国际收支指标，如进出口总额、外汇储备、国际投资头寸等，反映对外经济关系；金融指标，如货币供应量、利率、汇率等，反映金融市场和货币政策状况；社会发展指标，如恩格尔系数、基尼系数、人类发展指数（HDI）等，反映社会发展和民生改善情况；环境指标，如能源消耗强度、碳排放强度等，反映经济发展的环境代价和可持续性。

在选取和应用经济指标时，需要注意以下几个问题：首先，要根据研究目的选择合适的指标。不同的指标反映经济的不同方面，应根据具体分析需求选择最相关的指标。例如，如果研究重点是经济增长质量，可能需要更多地关注效率指标和结构指标；如果关注民生改善，则应更多地研究收入、就业、社会发展等相关指标。其次，要注意指标的局限性和潜在偏差。每个指标都有其特定的统计口径和计算方法，可能存在一定的局限性。例如，GDP作为经济总量指标，无法直接反映收入分配和环境成本状况。因此，在使用指标时应充分了解其含义和局限，避免过度解读或误读。再次，要综合运用多个指标。单一指标往往难以全面反映复杂的经济现象，需要综合运用多个相关指标进行分析。例如，在评估一个国家的经济发展水平时，除了考虑GDP 和人均 GDP，还应关注产业结构、收入分配、环境质量等多个方面的指标。

此外，要注意指标的时间序列和国际可比性。分析经济发展趋势时，需要使用可比的时间序列数据。在进行国际比较时，则需要考虑不同国家统计口径的差异，选择具有国际可比性的指标。例如，在比较不同国家的生活水平时，通常使用按购买力平价（PPP）调整的人均 GDP，以消除汇率波动和物价水平差异的影响。最后，要关注新兴经济形态下的指标创新。随着数字经济、绿色经济等新经济形态的发展，传统经济指标可能无法充分反映经济的新特征。因此，需要不断创新指标体系，开发新的统计方法。例如，为了衡量数字经济的发展程度，一些国家开始尝试编制数字经济核算体系，开发数字经济规模、数字化程度等新指标。

在具体应用中，经济指标通常用于以下几个方面：（1）经济形势判断，通过分析 GDP 增速、CPI、就业率等指标，评估当前经济运行状况和未来走势；（2）政策效果评估，通过对比政策实施前后相关指标的变化，评估经济政策的有效性；（3）国际比较，利用可比指标进行跨国比较，评估本国经济发展的相对水平和国际竞争力；（4）发展规划制定，基于历史数据和国际经验，设定未来经济发展的量化目标；（5）经济预测，利用经济指标之间的关系和历史数据，对未来经济走势进行预测；（6）学术研究，经济指标为实证研究提供了重要的数据支持，有助于验证经济理论和模型。

经济指标的选取与应用是一项复杂的工作，需要深入理解各指标的内涵、特点和局限性，并结合具体情况灵活运用。随着经济形态的不断演变和统计技术的进步，经济指标体系也在不断完善和创新。政策制定者和研究人员需要与时俱进，不断更新知识储备，以更好地把握和分析复杂多变的经济现象。

四、经济发展的全球视角与比较分析

在全球化深入发展的背景下，经济发展的研究和实践日益需要采取全球视角，通过国际比较来深化对发展规律的认识。全球视角下的经济发展比较分析主要包括以下几个方面：发展水平比较、发展模式比较、发展趋势比较、区域经济一体化分析、全球价值链分析、全球治理与发展等。通过发展水平比较，可以了解全球经济的整体格局和发展差距。常用的比较指标包括人均GDP（按购买力平价计算）、人类发展指数（HDI）等。世界银行根据人均国民总收入（GNI）将世界各国划分为高收入、中高收入、中低收入和低收入国家，这种分类方法为国际比较提供了一个基本框架。联合国开发计划署（UNDP）发布的人类发展报告则提供了更全面的发展水平比较，包括经济、教育、健康等多个维度。这些比较有助于我们了解全球发展的不平衡性，识别发展中国家面临的挑战和机遇。

发展模式比较是经济发展研究中的一个重要领域。不同国家和地区由于资源禀赋、历史文化、制度环境等因素的差异，往往形成了不同的发展模式。例如，东南亚地区的出口导向型工业化模式、北欧国家的福利国家模式、中国的社会主义市场经济模式等。通过比较分析不同发展模式的特点、优势和局限性，可以为发展中国家提供有益的经验和教训。然而，需要注意的是，发展模式并非简单可复制，每个国家都需要根据自身实际情况探索适合的发展道路。

发展趋势比较则关注不同国家和地区在经济发展过程中的动态变化。这包括经济增长率的比较、产业结构变迁的比较、技术进步速度的比较等。通过长期的趋势比较，可以识别经济发展的一般规律，如产业结构升级、城市化进程等。同时，也可以发现一些新的发展趋势，如数字经济的兴起、绿色发展模式的形成等。这些趋势比较对于预测未来发展方向、制定长期发展战略具有重要意义。

区域经济一体化是全球化背景下的重要现象，也是经济发展比较分析的重要内容。通过分析不同区域一体化模式的特点和效果，可以深入理解经济一体化对成员国经济发展的影响，以及区域合作在促进经济发展中的作用。这对于发展中国家参与区域经济合作、制定区域发展战略具有重要的参考价值。

全球价值链分析是理解当代国际经济关系和发展格局的重要工具。随着生产过程的全球分工日益精细化，单一国家的经济发展越来越依赖于其在全球价值链中的位置。通过比较不同国家在全球价值链中的参与程度和地位，可以更好地理解国际分工格局和发展不平等的根源。这种分析有助于发展中国家制定产业政策，寻找提高价值链地位的途径，从而实现经济的转型升级。

全球治理与发展是近年来日益受到重视的研究领域。随着全球化的深入，气候变化、金融稳定、公共卫生等问题日益成为影响各国发展的重要因素。通过比较、分析不同国家在应对这些全球性挑战方面的政策和表现，可以深入理解全球治理对经济发展的影响。同时，也可以探讨发展中国家如何更好地参与全球治理，维护自身发展利益。

随着全球化的深入和新技术的发展，经济发展的全球视角比较分析也在不断演进。大数据和人工智能技术的应用为更精细、更及时的国际比较提供了新的可能。例如，利用卫星图像数据进行夜间灯光分析，可以更准确地估计不同国家和地区的经济活动水平。社交媒体数据的分析则可以为理解不同国家的社会情绪和消费趋势提供新的视角。

然而，需要注意的是，经济发展的传统理论仍然存在一些共同的局限性。首先，这些理论大多关注经济增长的数量方面，而对增长的质量和可持续性关注不足。随着环境问题和资源约束日益凸显，如何实现可持续的经济发展成为一个迫切需要解决的问题。其次，传统理论往往假设经济体是同质的，忽视了不同国家和地区在制度、文化、资源禀赋等方面的差异。这限制了理论解释现实经济发展差异的能力。再次，这些理论主要基于发达国家的经验，对发展中国家面临的特殊问题关注不够。最后，传统理论大多采用封闭经济模型，未能充分考虑全球化背景下国际经济关系对经济发展的影响。

总结来看，经济发展的传统理论为理解经济增长的机制和动力提供了基本框架。从古典经济增长理论到内生增长理论，反映了经济学家对经济增长问题认识的不断深化。每一个理论阶段都对前人的理论进行了批评和继承，并根据新的经济现实提出了新的洞见。

古典经济增长理论关注资本积累、劳动分工和技术进步对经济增长的影响，为后续研究奠定了基础。哈罗德—多马模型将凯恩斯的短期分析扩展到长期增长问题，强调了投资在经济增长中的关键作用。索洛增长模型提供了一个简洁而有力的分析框架，强调了技术进步在长期经济增长中的重要性。内生增长理论则试图解释技术进步和长期经济增长的内在动力，强调了知识、人力资本和创新在经济增长中的关键作用。这些理论不仅丰富了经济学的理论体系，也为理解现实经济问题、制定经济政策提供了重要的理论基础。同时，经济发展理论也需要加强与其他学科的交叉融合。例如，与环境科学的结合可以深化对可持续发展的理解；与社会学、人类学的结合可以更好地把握制度和文化因素对经济发展的影响；与心理学、行为科学的结合可以深化对个体和组织行为如何影响经济发展的认识。这种跨学科的研究方法将有助于形成更加全面和深入的经济发展理论。

第二节　经济发展的传统理论

一、古典经济学派的经济增长思想

古典经济学派开创性地探讨了经济增长问题，为后世经济增长理论奠定了基础。他们从分工、资本积累、技术进步等角度阐释了经济增长的动力机制，但对诸多因素的分析尚不够系统和深入。在对外贸易方面，他们提出了比较优势理论，认为参与国际分工和自由贸易有利于实现经济增长，但也揭示了贸易利得分配和经济发展的复杂关系。总体而言，古典经济学派的经济增长理论尽管不够成熟和系统，但其关于分工、资本积累、技术进步以及对外贸易等要素在经济增长中重要作用的论述，奠定了经济增长理论的基石，为后续理论发展提供了重要启示。

马克思主义政治经济学从社会再生产的角度考察资本主义经济增长，将资本积累置于核心地位，系统分析了资本积累、技术进步、人口增长等因素与经济增长的辩证关系。马克思揭示了资本主义经济周期性波动与经济危机的内在联系，深刻阐述了经济危机在推动资本主义发展中的独特作用。同时，马克思还基于唯物史观，论证了社会基本矛盾运动规律决定社会形态更替和生产方式演进，资本主义必然被社会主义所代替，经济增长将获得更持久动力。马克思主义政治经济学以鲜明的阶级分析视角，审视经济增长动力、经济危机与社会变革的关系，极大丰富和发展了经济增长理论。

二、凯恩斯主义宏观经济学的增长理论

凯恩斯主义宏观经济学应运而生，经济增长理论进入新的发展阶段。以哈罗德、多马为代表的学者提出了一个新的经济增长模型，聚焦储蓄、投资与经济增长的关系，成为凯恩斯主义宏观经济学的奠基之作。该模型在封闭经济、固定技术、要素互补等假设条件下，揭示了均衡经济增长的"匕首边缘"，认为经济增长率取决于储蓄率与资本产出比之比，均衡增长要求二者相等，偏离均衡增长路径将导致通货膨胀或有效需求不足。因此，资本主义市场经济自发力量难以实现充分就业和均衡增长，有赖政府干预调节总需求，以弥补市场缺陷。

凯恩斯主义宏观经济学开创性地发展了宏观经济增长理论，揭示了总需求因素在经济增长中的重要性，丰富了经济学对经济增长内在机理的认识；同时论证了政府干预对于实现经济稳定增长的必要性，极大拓展了宏观经济政策的理论视野。但其增长模型过于简化，对技术进步、人力资本等体现经济增长内生动力的诸多因素关注不足，在开放经济条件下对国际贸易和要素流动影响经济增长的解释力有限。尽管如此，凯恩斯主义宏观经济学仍奠定了现代宏观经济增长理论的基础，对后世宏观经济学发展产生了深远影响。

三、新古典经济学的增长理论

20世纪50年代，以索洛、斯旺为代表的经济学家开创了一个全新的经济增长理论分析框架，即新古典增长理论，开启了现代经济增长理论的新篇章。新古典增长理论秉承新古典微观经济学的理论传统，采用新古典生产函数，对资本、劳动力等要素赋予了重要地位，重点探讨了资本积累、人口增长和技术进步在经济增长中的作用机制。其具代表性的索洛模型强调，在技术进步缺位的情况下，由于资本边际报酬递减，仅靠资本积累难以持续推动经济

增长，经济最终将达到一个稳态均衡，人均产出水平不再提高。只有依靠外生技术进步，提高资本和劳动力的生产率，抵消报酬递减效应，经济才能实现持续增长。同时，该模型还提出了黄金律储蓄率的概念，认为存在一个最优储蓄率水平，可以实现长期均衡条件下人均消费水平的最大化。

新古典增长理论开创性地在新古典经济学的理论框架内系统阐释了资本积累、劳动力增长、技术进步等要素在经济增长中的作用机理，第一次对经济增长问题进行了动态优化分析，开创了现代宏观经济学的新范式。其简洁而富有洞见力的理论模型，既能够与基本的经济数据相吻合，也为深化人们对一些重要经济现象的理解提供了强有力的思想工具。新古典增长理论推动了战后经济增长问题研究的蓬勃发展，引领了现代宏观经济学的发展潮流。然而，随着时代的发展，其理论局限性也日益凸显：把技术进步视为外生变量，没有揭示技术进步的内在机制和动因；将储蓄率视为外生给定，未能反映储蓄行为的内生性；在开放经济条件下，对日益频繁的资本和劳动力跨国流动影响经济增长关注不够；对东亚经济增长奇迹的解释力不足，对全要素生产率的决定因素也缺乏足够的理论阐释。这些局限性亟须在理论上加以突破，以增强经济增长理论对现实的解释力。

四、内生经济增长理论的崛起

20世纪80年代中后期，随着新技术革命的兴起，知识、技术、人力资本等新型生产要素在现代经济增长中的作用日益凸显。传统增长理论的局限性日益暴露，主流经济学界掀起了一场增长理论的变革，现代经济增长理论进入了内生增长理论时代。内生增长理论力图揭示经济增长的内在动力机制，将科技进步内生化，由追求自身利益最大化的经济主体的优化行为来决定。其基本观点是，通过知识产权保护激励企业加大研发投入，知识存量日积月累，通过知识外溢效应惠及整个社会，推动经济持续增长；人力资本投资提升劳动者素质，通过正外部性实现规模报酬递增；技术进步、人力资本积累等表现为全要素生产率的提高，最终带动人均产出水平的持续增长。

内生增长理论从不同侧面揭示了经济增长的内生机制，极大地丰富和发展了经济增长理论。内生增长理论的主要贡献在于：纳入了现代经济增长的诸多现实特征，大大提高了增长理论对现实的解释力；系统阐述了技术进步、人力资本等诸多因素影响经济增长的内在机理，深化了经济学界对经济增长规律的认识；揭示了制度和政策变迁的重要性，丰富了发展经济学的理论视野，也为广大发展中国家经济赶超提供了新的理论依据；为经济增长影响因素的实证分析提供了新的分析框架和计量模型，推动了经济增长实证研究的发展。

但内生增长理论在某些方面尚不够完善，有待未来进一步发展。比如，对技术创新微观动因的阐释还不够深入，知识产权保护对创新的激励机制有待进一步厘清；对人力资本外部性的度量和实证检验有待改进，以提高相关理论假说检验的可靠性；政府行为对经济增长的影响是一个更为复杂的理论命题，相关理论的针对性和可操作性还有待加强；对全球化背景下跨国知识扩散和技术转移问题的关注还不够，这已成为影响许多国家经济增长的关键因素。总之，内生经济增长理论尽管为经济增长理论研究开辟了广阔空间，但仍有许多问题有待深入探讨，尤其要立足新技术革命引发的重大变革，在更宽广的理论视野中探寻新的经济增长动力和路径。

五、经济增长理论的反思与展望

纵观经济发展的传统理论，从古典经济学到凯恩斯主义、新古典经济学再到内生增长理论，经历了一个由简单到复杂、从外生到内生、从静态到动态的演进过程。这一演进历程一方面体现了理论对实践的回应，经济增长理论的现实解释力不断提高，分析视野不断拓宽；另一方面也反映了时代变迁对经济学研究提出的新课题、新挑战。每一次重大理论突破的背后，无不凝结着一代经济学人的智慧和对未来的思考。今天，置身百年未有之大变局，经济增长理论研究又迎来了新的机遇和挑战。

纵观人类社会发展的历程，经济增长从来都不是孤立的经济问题，而是与社会发展的诸多方面紧密相连的。当代世界面临环境约束趋紧、收入分配失衡、全球化治理赤字等诸多挑战，追求包容性、可持续的经济增长已成为国际社会的广泛共识。这要求新时代的研究者应立足新发展阶段，贯彻新发展理念，在更宽广的视野下重新审视经济增长问题，推动经济增长理论实现新的突破。具体而言，未来经济增长理论研究需要在以下几个方面实现创新发展：

第一，树立系统观念和整体视角。经济增长是一个涉及经济、社会、文化、制度、环境等诸多因素的复杂系统工程。对经济增长规律的探究，既不能脱离经济运行的一般规律，也不能割裂社会结构变迁、政治制度演进、文化观念更新等诸多外部环境因素。未来经济增长理论要加强学科交叉和综合集成，运用系统科学方法论，对不同层面、不同领域的经济社会因素作用机理进行动态分析，揭示现代经济增长的内在规律。

第二，加强理论与实践的结合。从来没有抽象的、放之四海而皆准的经济增长理论，任何经济理论都必须扎根特定的社会土壤。不同国家资源禀赋、发展阶段、制度背景各不相同，经济发展道路和模式也呈现多样性特征。因此，经济增长理论要立足国情，充分吸收不同国家的实践经验，在总结和提炼中上升到理论高度。同时，经济增长理论也要接受实践的检验，在指导实践中不断校正、丰富和发展自身。唯其如此，经济增长理论才能放射出更加耀眼的真理光芒。

第三，重视文化和制度的作用。文化传统和价值理念深刻影响着人们的经济行为和发展观念，体现为一个国家的文化软实力。制度是管理经济社会活动、调节各方利益关系的规则，是塑造经济增长动力、形成竞争优势的关键所在。因此，经济增长理论必须纳入文化因素和制度因素，分析不同文化价值观念、不同制度安排对经济增长的影响，探寻符合本国国情特点的经济增长道路和发展模式。同时要重视比较分析，借鉴不同国家成功的制度设计和治理经验。

第四，关注经济发展的社会效应。经济发展不仅要追求经济增长，更要促进社会公平正义。经济发展如果以牺牲环境、加剧两极分化为代价，最终必将难以为继。反之，经济增长也会受到收入差距、社会矛盾等问题的反作用。因此，经济增长理论必须纳入分配问题、社会公平等议题，在更广泛的视野下探寻包容性增长之策。要更加关注经济发展质量，而不仅仅是增长速度；既要重视经济效率，又要强调社会公平；既要看重物质财富，又要关注精神文明。只有经济发展与社会进步相辅相成，经济增长才能走上健康可持续之路。

第五，把握全球化新趋势。当今时代，世界各国休戚与共、命运相连，没有哪个国家能够独善其身。一方面，经济全球化深入发展使世界经济更加紧密联系、彼此依存，跨国贸易和投资规模不断扩大，知识和创新在全球范围内快速扩散，给世界各国带来广阔发展机遇。另一方面，逆全球化思潮不时沉渣泛起，单边主义、保护主义明显抬头，经济全球化进程面临波折。对此，经济增长理论要顺应时代潮流，在更大格局中谋划各国经济增长，加强国别比较研究，总结不同类型国家参与国际分工、应对外部冲击的成功经验，为完善全球经济治理、构建新型国际经济秩序贡献理论智慧。

经济增长是人类社会发展的永恒主题。不同时期、不同国度，虽然经济发展水平、社会制度各异，但对实现经济增长、改善人民生活的追求一以贯之。经济学家孜孜以求的正是揭示经济增长的一般规律，为人类把握自身命运规律、实现美好生活提供理论指引。一部经济增长理论发展史，既是一部理论不断突破、日臻完善的历史，也是一部人类社会发展和文明进步的历史。

第三节　现代经济发展模式

现代经济发展模式是对传统经济发展理论和实践的创新和突破，反映了全球经济在新技术、新理念驱动下的转型趋势。本节将重点探讨知识经济与创新驱动发展、绿色经济与可持续发展模式、信息化与数字经济发展以及共享经济与社会经济模式的变革等四个方面，深入分析现代经济发展的新特征和新趋势。

一、知识经济与创新驱动发展

知识经济是以知识的生产、分配和使用为基础的经济形态，创新则是知识经济的核心动力。在知识经济时代，创新驱动发展已成为主导经济增长的关键因素。

知识经济的主要特征包括：首先，知识成为最重要的生产要素和战略资源。与传统的土地、劳动、资本相比，知识具有非排他性、递增收益等独特属性，可以持续创造价值。其次，创新成为经济增长的主要动力。通过持续的技术创新和商业模式创新，企业可以获得竞争优势，推动经济增长。再次，人力资本的重要性大幅提升。高素质的人才成为知识经济的核心资源，教育和培训投资的回报率显著提高。最后，产业结构向知识密集型转变。知识密集型服务业（如金融、咨询、软件等），在经济中的占比不断提高。

创新驱动发展强调通过持续的创新活动来推动经济增长和社会进步。这种模式的核心要素包括：第一，强大的研发能力。持续的研发投入是保持创新能力的基础。第二，完善的创新体系。这包括产学研协同创新机制、知识产权保护制度、风险投资体系等。第三，创新文化的培育。鼓励创新、包容失败的社会文化氛围对于激发创新活力至关重要。第四，创新型人才的培养。高水平的教育体系和人才培养机制是创新驱动发展的重要支撑。

知识经济与创新驱动发展对经济增长理论和发展战略产生了深远影响。在理论层面，它推动了内生增长理论的发展，强调知识积累和创新活动在经济增长中的关键作用。在实践层面，它促使各国更加重视科技创新、人才培养和产业升级，调整产业政策和教育政策，以适应知识经济的要求。

然而，知识经济与创新驱动发展也面临一些挑战。首先是知识产权保护与知识共享之间的平衡问题。过强的知识产权保护可能抑制知识传播和创新，而保护不足则可能打击创新积极性。其次是创新的风险和不确定性。高风险意味着需要有相应的风险分担和管理机制。再次是创新成果的分配问题。如何确保创新收益的公平分配，避免知识鸿沟和数字鸿沟的扩充，是需要解决的重要问题。

知识经济与创新驱动发展已成为现代经济发展的重要模式。它不仅改变了经济增长的动力源泉，也深刻影响了产业组织形式、劳动力市场结构和社会分配格局。未来，随着新技术的不断涌现和创新理念的深化，这一发展模式将继续演进，推动经济社会的持续变革。

二、绿色经济与可持续发展模式

绿色经济是一种以资源节约和环境友好为特征的经济发展模式，旨在实现经济增长与环境保护的协调统一。可持续发展则是一种更广泛的发展理念，强调在满足当代人需求的同时不损害后代人满足其需求的能力。绿色经济可以视为实现可持续发展的重要路径。

绿色经济的主要特征包括：首先，资源利用效率高。通过技术创新和管理优化，实现资源的高效利用和循环利用。其次，环境污染少。采用清洁生产技术，降低生产过程中的污染物排放。再次，生态系统得到保护和修复。重视生态系统服务功能的维护和提升。最后，绿色产业成为新的经济增长点。环保产业、新能源产业等绿色产业快速发展，成为推动经济增长的新动力。

可持续发展模式强调经济、社会、环境三个维度的协调发展。其核心理念包括：第一，代际公平。当前的发展不应以牺牲后代人的利益为代价。第二，生态系统的承载力。经济活动应该在生态系统的承载能力范围内进行。第三，可再生资源的可持续利用。可再生资源的利用率不应超过其再生速度。第四，不可再生资源的节约使用。通过技术进步和资源替代，延长不可再生资源的使用周期。

绿色经济与可持续发展模式对传统经济增长理论和发展策略提出了重大挑战。其要求重新评估 GDP 增长的质量，将环境成本和生态效益纳入经济核算体系。这推动了绿色 GDP、生态足迹等新型经济指标的发展。在发展策略方面，它强调通过产业结构调整、技术创新和制度变革来实现绿色转型。

绿色经济与可持续发展模式的实施面临一系列挑战。首先，成本问题。绿色技术的开发和应用往往需要大量前期投入，如何平衡短期成本和长期收益是一个难题。其次，国际协调问题。环境问题具有跨境性，需要全球范围内的协调合作。最后，发展中国家面临的特殊挑战。如何在追求经济增长和脱贫的同时实现绿色发展，是发展中国家面临的困境。

尽管存在这些挑战，绿色经济与可持续发展模式已成为全球共识和发展趋势。它不仅有助于解决环境问题，也为经济发展提供了新的动力和方向。随着环境问题的日益严峻和公众环保意识的提高，这一发展模式将在未来发挥越来越重要的作用。

三、信息化与数字经济发展

信息化是信息技术在经济社会各领域广泛应用的过程，数字经济则是在信息化基础上发展起来的新型经济形态。信息化与数字经济的发展正在深刻改变经济运行方式和社会组织形态。

信息化的主要特征包括：首先，信息基础设施的普及。互联网、移动通信等信息基础设施日益完善，为信息的广泛传播和利用提供了条件。其次，信息技术在各行各业的深度应用。从制造业到服务业，信息技术正在重塑生产流程和商业模式。再次，信息资源的战略地位凸显。数据成为重要的生产要素和战略资源。最后，网络化成为社会组织的重要特征。网络化的生产、交易和社交方式日益普及。

数字经济的核心特征包括：第一，数据驱动。大数据分析成为决策的重要依据，数据挖掘和利用成为价值创造的关键。第二，平台经济。数字平台成为连接供需双方、整合资源的重要载体。第三，共享经济。基于信息技术的资源共享模式广泛应用，提高了资源利用效率。第四，智能化。人工智能技术的应用使得生产和服务过程日益智能化。

信息化与数字经济发展对经济增长理论和发展策略产生了深远影响。在理论层面，它推动了对生产函数的重新思考，数据和算法成为新的生产要素。网络外部性、长尾效应等新经济现象需要新的理论解释。在实践层面，它促使各国重视数字基础设施建设、数字人才培养和数字产业发展，数字经济战略成为国家发展战略的重要组成部分。

信息化与数字经济发展也面临一系列挑战。首先，数字鸿沟问题。不同地区、不同群体之间在数字技术获取和应用能力上的差距可能加剧社会不平等。其次，数据安全和隐私保护问题。海量数据的收集和使用带来了严峻的安全和隐私挑战。再次，数字经济的监管问题。如何在鼓励创新和保护公众利益之间找到平衡，是各国监管部门面临的难题。最后，数字经济对就业的影响。人工智能和自动化技术可能导致大量传统岗位消失，如何应对这一挑战是重要课题。

尽管存在这些挑战，信息化与数字经济发展已成为不可逆转的趋势。它不仅创造了新的经济增长点，也正在重塑社会生活方式和组织形态。未来，随着5G、人工智能、区块链等新技术的发展，数字经济将进入新的发展阶段，对经济社会的影响将更加深远。

四、共享经济与社会经济模式的变革

共享经济是一种基于互联网平台、将闲置资源进行共享的经济模式。它的兴起不仅带来了新的商业模式，也推动了社会经济模式的深刻变革。

共享经济的主要特征包括：首先，资源的临时使用权共享。通过互联网平台，将闲置资源的使用权短期转让给有需求的用户。其次，去中心化的交易模式。供需双方可以直接在平台上进行交易，减少了中间环节。再次，信任机制的重要性。用户评价系统成为保障交易顺利进行的关键。最后，灵活的就业方式。共享经济为劳动者提供了更加灵活的工作机会。

共享经济对传统经济理论和社会经济模式提出了新的挑战。在理论层面，它模糊了生产者和消费者的界限，挑战了传统的产权理论。在实践层面，它改变了资源配置方式，提高了资源利用效率，但也带来了新的监管难题。知识经济与创新驱动发展、绿色经济与可持续发展模式、信息化与数字经济发展、共享经济与社会经济模式的变革这四种现代经济发展模式反映了当代经济发展的新趋势和新特征。这些发展模式既是对传统经济发展理论和实践的突破，也是应对全球性挑战、把握新一轮科技革命和产业变革机遇的战略选择。

这些现代经济发展模式具有以下共同特点：

首先，它们都强调创新的核心作用。无论是知识经济、绿色经济、数字经济还是共享经济，创新都是推动其发展的关键动力。这种创新不仅包括技术创新，还包括商业模式创新、制度创新等多个层面。

其次，它们都体现了可持续发展的理念。绿色经济直接致力于环境保护和可持续发展，而知识经济、数字经济和共享经济也都有助于提高资源利用效率，减少环境压力。

再次，它们都强调人力资本的重要性。在这些新的经济发展模式中，高素质人才成为最关键的生产要素。因此，教育和培训在经济发展中的战略地位进一步提升。

最后，它们都体现了经济全球化和网络化的特征。信息技术的发展使得全球范围内的知识共享、资源配置和协作创新成为可能，推动了经济活动的全球化和网络化。

这些现代经济发展模式的出现和演进，对经济学理论和实践都提出了新的要求：在理论方面，需要发展新的分析框架和模型来解释这些新经济现象。例如，如何将知识、数据等无形资产纳入生产函数，如何量化网络效应和外部性，如何评估绿色发展的长期效益等，都是需要深入研究的理论问题。在实践方面，这些新的发展模式要求调整传统的经济政策和管理方式。例如，如何设计有利于创新的制度环境，如何平衡经济发展和环境保护，如何应对数字经济带来的监管挑战，如何构建适应共享经济的社会保障体系等，都是政策制定者面临的新课题。

现代经济发展模式反映了经济发展理念和方式的重大转变。它们不仅为解决传统发展模式面临的问题提供了新的思路，也为经济的长期可持续发展指明了方向。然而，这些新的发展模式并非相互独立，而是相互交织、相互影响的。例如，数字技术为绿色经济和共享经济提供了技术支持，而创新驱动则是所有这些新经济形态的共同特征。

因此，在实际的经济发展中，需要综合运用这些新的发展理念和模式，根据具体国情和发展阶段，构建适合本国特点的发展道路。同时，也要认识到，经济发展模式的演进是一个持续的过程。随着科技进步和社会变革，未来可能会出现新的经济形态和发展模式。保持开放和创新的态度，持续探索经济发展的新路径，将是经济学研究和实践的永恒主题。

第四节 企业的经济功能与作用

企业作为现代经济的基本组织单元，在经济发展中发挥着至关重要的作用。本节将从资源配置、企业创新、社会责任和全球经济一体化四个方面，深入探讨企业的经济功能与作用，以及企业与经济发展之间的互动关系。

一、企业在资源配置中的关键角色

企业在市场经济中扮演着资源配置的核心角色，通过生产决策和市场交易，实现了社会资源的有效配置和利用。这一功能主要体现在以下几个方面：

首先，企业是生产要素的整合者。企业通过组织生产活动，将劳动、资本、土地、技术等生产要素有机结合，实现了要素的优化配置。这种整合过程不仅提高了资源利用效率，还创造了超越单个要素的协同效应。企业内部的分工协作和专业化生产，进一步提高了资源配置效率。

其次，企业是市场信号的接收者和传递者。企业通过对市场需求的感知和预测，调整生产决策，从而实现资源向高需求、高效率领域的流动。这一过程不仅满足了社会需求，还促进了资源的动态优化配置。企业对市场信号的敏感性和反应速度，直接影响着整个经济体系的资源配置效率。

再次，企业是交易成本的降低者。通过建立稳定的组织结构和内部规则，企业大大降低了重复交易的成本。相比于纯粹的市场交易，企业内部的资源调配更加高效，尤其是在信息不对称和资产专用性较高的情况下。这一功能解释了为什么某些经济活动在企业内部进行比在市场上进行更有效率。

最后，企业是风险的承担者和管理者。在不确定的市场环境中，企业承担了生产和经营的风险，通过多元化经营、金融工具等方式管理风险。这种风险承担和管理功能，使得社会资源能够流向高风险但可能高回报的领域，促进了经济的动态发展。

企业在资源配置中的这些角色，使其成为连接宏观经济政策和微观经济行为的关键纽带。宏观经济政策通过影响企业行为来调节整体经济运行，而企业的微观决策又构成了宏观经济现象的基础。因此，理解和优化企业在资源配置中的作用，对于提高整体经济效率和促进经济发展至关重要。

然而，企业在资源配置中的作用也面临一些挑战和局限。首先，市场失灵可能导致企业的资源配置偏离社会最优。例如，外部性问题可能导致企业忽视环境成本，信息不对称可能导致资源配置不当。其次，企业的短期利益导向可能与长期资源优化配置产生冲突。最后，垄断和寡头竞争可能扭曲市场信号，影响资源配置效率。

因此，在发挥企业资源配置功能的同时，需要建立适当的制度环境和激励机制，引导企业行为与社会效益相一致。这包括完善市场机制、加强监管、鼓励竞争等多个方面。只有这样，企业才能更好地发挥其在资源配置中的积极作用，推动经济的可持续发展。

二、企业创新与经济增长的关联

企业创新是经济增长的核心驱动力之一，在现代经济发展中扮演着越来越重要的角色。企业通过技术创新、组织创新和商业模式创新，不断提高生产效率，创造新的市场需求，推动经济结构优化和产业升级。

企业创新对经济增长的贡献主要体现在以下几个方面：

首先，技术创新提高了全要素生产率。企业通过研发新技术、改进生产工艺，可以在相同投入下获得更高的产出，从而提高经济增长的质量和可持续性。技术创新不仅直接提高了创新企业的生产效率，还通过技术扩散和产业链联动，带动了整个经济体系的效率提升。

其次，产品创新创造了新的市场需求。企业通过开发新产品或改进现有产品，可以激发新的消费需求，扩大市场规模，从而推动经济增长。产品创新不仅满足了消费者多样化、个性化的需求，还可能创造出全新的产业，成为经济增长的新动力。

再次，商业模式创新优化了资源配置效率。创新的商业模式可以重塑价值链，改变传统的生产和交易方式，提高资源利用效率。例如，平台经济模式大大降低了交易成本，提高了资源匹配效率，为经济增长提供了新的动力。

最后，组织创新提高了企业的运营效率。通过创新的组织结构和管理方式，企业可以提高决策效率、激发员工创造力，从而提高整体竞争力。组织创新还可以促进知识的创造和传播，为持续创新提供组织保障。

企业创新与经济增长之间存在复杂的互动关系。一方面，经济增长为企业创新提供了有利环境。经济增长带来的市场扩大和资源积累，为企业创新提供了资金支持和市场空间。另一方面，企业创新通过提高生产效率、创造新需求等方式推动经济增长。这种良性循环是经济持续发展的重要动力。

为了更好地发挥企业创新在经济增长中的作用，需要从多个层面采取措施：在企业层面，需要建立鼓励创新的企业文化和激励机制，加大研发投入，提高风险管理能力。在行业层面，需要加强产学研合作，构建创新生态系统，促进知识和技术的流动。在国家层面，需要完善知识产权保护制度，优化创新政策，加大基础研究投入，为企业创新创造良好的外部环境。企业创新已成为推动经济增长的核心动力。在知识经济和全球化背景下，企业创新能力越来越成为国家和地区竞争力的关键所在。因此，深入研究企业创新与经济增长的关系，优化创新政策和环境，对于实现经济的可持续发展具有重要意义。

三、企业社会责任与经济发展的互动

企业社会责任（CSR）是指企业在创造利润、承担法律责任的同时，还应当承担对员工、消费者、社区和环境的责任。随着可持续发展理念的普及，企业社会责任与经济发展的关系日益受到重视。

企业社会责任对经济发展的影响主要体现在以下几个方面：

首先，CSR 有助于构建和谐的劳资关系，提高劳动生产率。重视员工权益、提供良好的工作环境和发展机会，可以增强员工的归属感和工作积极性，从而提高企业效率和竞争力。

其次，CSR 可以提升企业声誉，增强品牌价值。负责任的企业行为可以赢得消费者信任，提高客户忠诚度，有利于企业的长期发展。

再次，CSR 有助于改善企业与社区的关系，创造良好的经营环境。通过参与社区发展、支持公益事业等方式，企业可以获得社会支持，减少运营阻力。

最后，CSR 推动了绿色技术创新和可持续的商业模式。为了履行环境责任，企业投入更多资源开发清洁技术、提高资源利用效率，这不仅有利于环境保护，还可能成为新的竞争优势和增长点。

从更宏观的角度来看，企业社会责任的履行有助于解决市场失灵问题，减少经济发展的负外部性。例如，企业主动承担环境责任可以减少污染，企业参与社会公益可以缓解收入分配不平等问题。这些都有利于经济的长期可持续发展。

企业社会责任与经济发展之间存在着复杂的互动关系。合理履行社会责任不仅有利于企业自身的可持续发展，还能为经济的长期健康发展做出重要贡献。然而，如何在竞争激烈的市场环境中平衡经济利益和社会责任，仍是企业和政策制定者需要不断探索的课题。

四、跨国公司与全球经济一体化

跨国公司作为全球经济一体化的重要载体，在推动国际贸易、促进技术转移、整合全球资源等方面发挥着关键作用。跨国公司的经营活动深刻影响着全球经济格局和发展趋势。

跨国公司对全球经济一体化的贡献主要体现在以下几个方面：

首先，跨国公司推动了国际贸易和投资的发展。通过建立全球生产和销售网络，跨国公司大大促进了商品、服务和资本的跨境流动。跨国公司内部的关联交易已成为国际贸易的重要组成部分。同时，跨国公司的直接投资对东道主国的经济发展起到了重要推动作用。

其次，跨国公司促进了技术和知识的全球扩散。通过设立海外研发中心、技术转让、人才流动等方式，跨国公司加速了技术和管理知识在全球范围内的传播。这不仅提高了全球资源配置效率，还推动了发展中国家的技术进步和产业升级。

再次，跨国公司推动了全球价值链的形成和发展。通过将生产过程分解到不同国家和地区，跨国公司构建了复杂的全球价值链网络。这种全球化的生产组织方式不仅提高了生产效率，还深化了国际分工，推动了全球经济的结构性变革。

最后，跨国公司在全球经济治理中发挥着重要作用。作为重要的非国家行为体，跨国公司通过参与国际标准制定、推动区域经济一体化等方式，影响着全球经济规则的制定和实施。

然而，跨国公司在推动全球经济一体化的同时，也带来了一些挑战和问题：

首先，经济主权问题。跨国公司的强大经济实力可能对东道国的经济决策产生影响，引发对国家经济主权的担忧。特别是在一些关键行业，跨国公司的主导地位可能影响东道国的产业安全。

其次，利益分配问题。跨国公司通过全球税收筹划等方式，可能导致利润在不同国家之间不合理分配，引发国际税收争议。同时，跨国公司获得的超额利润如何在全球范围内公平分配也是一个复杂问题。

再次，环境和劳工标准问题。一些跨国公司可能利用不同国家的环保标准差异，将高污染、低劳工标准的生产环节转移到标准较低的国家，引发环境保护和劳工权益问题。

最后，文化同质化问题。跨国公司的全球扩张可能导致文化产品和生活方式的趋同，引发对文化多样性丧失的担忧。

跨国公司作为全球经济一体化的重要推动力，其活动深刻影响着世界经济的格局和走向。充分发挥跨国公司在促进全球资源配置、推动技术创新和经济增长方面的积极作用，同时有效应对其带来的挑战，是当前全球经济治理面临的重要课题。这要求各国政府、国际组织和跨国公司本身共同努力，构建更加公平、包容的全球经济秩序。

企业作为现代经济的基本单元，其经济功能和作用贯穿于经济发展的各个方面。从资源配置、创新驱动、社会责任到全球经济一体化，企业都发挥着不可替代的作用。然而，企业的经济功能也面临着诸多挑战和限制，需要通过适当的制度安排和政策引导来优化。

在资源配置方面，企业需要在市场机制和政府调控的框架下，不断提高资源利用效率。这要求企业加强内部管理，提高决策水平，同时也需要政府完善市场规则，创造公平竞争环境。

在创新驱动方面，企业需要加大研发投入，培育创新文化，同时政府也应该通过政策支持和制度保障，为企业创新创造有利条件。特别是在基础研究、关键核心技术等领域，需要政府和企业的协同努力。

在履行社会责任方面，企业需要将社会责任融入经营战略，实现经济效益和社会效益的统一。政府和社会各界也应该营造有利于企业履行社会责任的环境，通过法律、政策和舆论引导，推动企业社会责任的深入实践。

在全球经济一体化进程中，跨国公司需要在遵守国际规则和尊重东道主国家利益的基础上，发挥其在促进国际贸易、技术转移和全球资源配置方面的积极作用。各国政府和国际组织则需要加强协调，完善全球经济治理机制，确保经济全球化朝着更加包容、平衡的方向发展。

企业的经济功能与作用是一个动态演进的过程，需要随着经济社会的发展不断调整和优化。在未来的经济发展中，企业将继续发挥其作为微观主体的关键作用，同时也需要更多地考虑其行为对宏观经济和社会发展的影响。只有企业、政府和社会各界共同努力，才能充分发挥企业在经济发展中的积极作用，推动经济的可持续健康发展。

第三章 战略管理与经济发展

第一节 企业战略规划的重要性

战略规划是企业管理的核心内容之一，对企业的长期发展和经济效益具有决定性影响。本节将从战略规划与企业愿景的构建、环境分析与战略适应性、战略实施与组织结构的匹配以及战略评估与持续改进四个方面，深入探讨企业战略规划的重要性及其在企业发展中的关键作用。

一、战略规划与企业愿景的构建

战略规划是企业为实现长期目标而制定的行动计划，它为企业的发展方向提供了明确的指引。企业愿景则是对企业未来理想状态的描述，是激励全体员工的精神动力。战略规划与企业愿景的构建密切相关，两者共同构成了企业长期发展的基础。

战略规划的首要任务是明确企业的使命和愿景。使命阐明了企业存在的根本目的和价值，回答了"我们是谁""我们为谁服务"等基本问题。愿景则描绘了企业希望在未来达到的理想状态，回答了"我们要成为什么样的企业"的问题。明确的使命和愿景为企业的战略决策提供了方向性指导，确保了企业各项活动的一致性。

在构建企业愿景时，需要考虑以下几个关键因素：首先，愿景应该具有前瞻性和挑战性，能够激发员工的工作热情和创造力。其次，愿景应该与企业的核心价值观一致，反映企业的文化和精神。再次，愿景应该具有一定的可实现性，富有挑战性，但不应脱离现实。最后，愿景应该简洁明了，易于理解和传播。

战略规划在企业愿景构建中的作用主要体现在以下几个方面：

（1）战略规划过程有助于凝聚企业内部共识，形成对未来发展方向的一致认识。通过参与战略规划过程，企业各层级人员能够更好地理解和认同企业的愿景。

（2）战略规划为实现企业愿景提供了具体路径。它将宏大的愿景分解为可操作的战略目标和行动计划，使愿景的实现成为可能。

（3）战略规划有助于识别实现愿景所需的资源和能力，为企业的长期发展做好准备。通过战略规划，企业可以明确在哪些领域需要加强投入，以支持愿景的实现。

（4）战略规划为企业愿景的动态调整提供了机制。随着内外部环境的变化，企业可能需要调整其愿景。战略规划的定期回顾和更新过程为这种调整提供了契机。

然而，战略规划与企业愿景构建也面临一些挑战：

首先，如何平衡短期利益和长期发展。过分关注短期业绩可能导致企业偏离长期战略方向，而过度强调远大愿景又可能忽视现实约束。

其次，如何确保愿景在组织中的有效传达和落实。仅有宏大的愿景是不够的，关键是要将愿景转化为每个员工的具体行动。

最后，如何在保持战略定力的同时保持对环境变化的敏感性。固守既定战略可能导致企业错失机会或陷入困境，而频繁调整战略又可能造成资源浪费和组织混乱。

为了有效应对这些挑战，企业需要建立健全的战略管理体系，包括定期的战略回顾机制、灵活的资源配置系统、有效的沟通和激励机制等。同时，企业领导者需要具备战略思维能力，能够在复杂多变的环境中把握大局，做出正确的战略选择。

战略规划与企业愿景的构建是企业管理的基础性工作，对企业的长期发展具有重要意义。通过科学的战略规划，企业能够明确发展方向，优化资源配置，提高经营效率，从而在激烈的市场竞争中获得持续的竞争优势。

二、环境分析与战略适应性

环境分析是战略规划过程中的关键环节，它为企业的战略决策提供了必要的信息基础。环境分析包括对企业外部环境和内部环境的系统性分析，旨在识别影响企业发展的关键因素，为制定适应性战略提供依据。

外部环境分析通常包括宏观环境分析和产业环境分析。宏观环境分析主要关注政治、经济、社会、技术、环境和法律等方面的因素，通常采用 PESTEL 分析模型。产业环境分析则聚焦于特定行业的竞争态势，常用的分析工具包括波特五力模型等。

内部环境分析主要关注企业的资源和能力，包括财务资源、人力资源、技术资源、组织结构等。常用的分析工具包括价值链分析等。通过内部环境分析，企业可以识别自身的优势和劣势，明确核心竞争力。

环境分析的目的是提高企业战略的适应性。战略适应性指企业战略与内外部环境的匹配程度，它是企业保持竞争优势的关键。高度的战略适应性能够使企业更好地把握机遇、规避风险，在变化的环境中保持竞争力。

环境分析对提高战略适应性的作用主要体现在以下几个方面：

首先，环境分析有助于企业及时识别外部环境的变化趋势。通过持续的环境监测和分析，企业可以早期发现市场机会和潜在威胁，为战略调整赢得时间。

其次，环境分析为战略选择提供了客观依据。通过对外部机会和威胁以及内部优势和劣势的系统分析，企业可以制定出更加符合实际的战略。

再次，环境分析促进了企业的组织学习。通过定期的环境分析，企业可以积累对行业和自身的深入理解，提高战略决策的质量。

最后，环境分析有助于企业培养动态能力。在快速变化的环境中，企业需要具备持续感知环境变化、重新配置资源的能力，而这正是通过持续的环境分析和战略调整来培养的。

环境分析与战略适应性是企业战略管理的核心内容。通过持续的环境分析和战略调整，企业能够在变化的环境中保持竞争优势，实现可持续发展。在未来更加复杂和不确定的商业环境中，环境分析与战略适应性的重要性将进一步凸显。

三、战略实施与组织结构的匹配

战略实施是将制定的战略转化为具体行动的过程，它是战略管理的关键环节。组织结构是企业为实现其目标而设计的正式任务体系和报告关系体系。战略实施的成功与否在很大程度上取决于组织结构是否与战略相匹配。

战略实施与组织结构匹配的重要性体现在以下几个方面：适当的组织结构可以确保战略目标的有效传达和执行。组织结构决定了信息流动和决策权限的分配，直接影响战略在各个层级的理解和落实。组织结构影响资源的分配和使用效率。不同的组织结构对资源的控制和配置方式不同，这直接关系到战略的实施效果。组织结构塑造了企业的运营模式和文化氛围。合适的组织结构可以促进战略所需的行为模式和价值观的形成。组织结构影响企业对环境变化的响应速度。灵活的组织结构有助于企业快速调整战略，适应环境变化。

为了实现战略实施与组织结构的有效匹配，企业可以采取以下措施：

第一，建立动态的组织结构调整机制。定期评估组织结构与战略的匹配度，及时进行必要的调整。

第二，采用矩阵式或网络式等灵活的组织形式。这些组织形式可以在保持职能部门专业化的同时，促进跨部门的协作和资源共享。

第三，建立有效的沟通和协调机制。通过正式和非正式的沟通渠道，确保战略信息在组织中的有效传递和反馈。

第四，优化绩效评估和激励系统。将战略目标分解到组织各个层级，并与绩效考核和激励措施相链接。

第五，培养组织变革能力。通过培训、轮岗等方式提高员工的适应性和学习能力，为组织结构的调整奠定基础。

战略实施与组织结构的匹配是一个动态的过程。随着企业战略的调整和外部环境的变化，组织结构也需要相应地改进。只有实现战略与组织结构的动态匹配，企业才能在复杂多变的环境中保持竞争优势，实现可持续发展。

四、战略评估与持续改进

战略评估是对企业战略实施效果进行系统性检查和评价的过程，它是战略管理循环的重要组成部分。持续改进则是根据评估结果不断优化和调整战略的过程。战略评估与持续改进对于确保战略的有效性和适应性至关重要。

战略评估通常包括以下几个步骤：

第一，确定评估标准。这些标准应该与企业的战略目标相一致，既包括财务指标，也包括非财务指标。

第二，测量实际绩效。收集和分析相关数据，了解企业在各个方面的实际表现。

第三，比较实际绩效与标准。通过比较，识别绩效差距及其原因。

第四，采取纠正行动。根据评估结果，制定并实施纠正措施，以改善战略执行效果。

持续改进是战略评估的自然延伸，它强调企业应该不断优化和调整其战略，以适应内外部环境的变化。持续改进的主要特征包括：首先，它是一个循环往复的过程。企业需要定期进行战略评估和调整，而不是一次性的活动。其次，它强调渐进式改进。虽然有时可能需要大幅度的战略调整，但更多情况下是通过持续的小改进来优化战略。再次，它需要全员参与。持续改进不仅是高层管理者的责任，还需要全体员工的参与和支持。最后，它强调学习和创新。通过持续改进，企业可以不断积累经验，提高创新能力。

战略评估与持续改进是确保企业战略有效性的关键机制。通过定期的评估和持续的改进，企业能够及时发现并解决战略执行中的问题，不断优化其战略，以适应快速变化的商业环境。在未来更加复杂和不确定的经济环境中，战略评估与持续改进的重要性将进一步凸显。

　　企业战略规划的重要性不仅体现在企业自身的发展中，还对整个经济发展产生深远影响。从微观层面来看，有效的战略规划能够提高企业的竞争力，增强其在市场中的地位，从而促进企业的可持续发展。从宏观层面来看，企业战略规划的质量直接影响着产业结构的优化、资源配置的效率以及整体经济的增长质量。

　　企业战略规划推动了产业结构的优化升级。通过前瞻性的战略布局，领先企业能够引领产业发展方向，推动传统产业的转型升级和新兴产业的培育。这不仅提高了单个企业的竞争力，还促进了整个产业的高质量发展。

　　企业战略规划影响着资源的流向和配置效率。战略性较强的企业通常能够吸引更多的资本、人才和技术资源，这有助于将社会资源配置到最具发展潜力的领域，提高整体经济的资源利用效率。

　　企业战略规划推动了创新和技术进步。为了实现长期战略目标，企业往往需要加大研发投入，推动技术创新。这不仅提高了企业自身的竞争力，还通过技术溢出效应推动了整个行业乃至整个经济的技术进步。

　　企业战略规划对经济的国际竞争力产生重要影响。在全球化背景下，企业的国际化战略直接关系到一个国家或地区在全球价值链中的地位。通过战略性的国际布局，企业能够更好地参与全球竞争，提升所在国家或地区的国际竞争力。

　　企业战略规划是连接微观企业行为和宏观经济发展的重要纽带。通过提高企业战略规划的质量和有效性，不仅能够促进企业自身的发展，还能推动整体经济的健康可持续发展。因此，无论是企业管理者还是政策制定者，都应该高度重视战略规划在经济发展中的关键作用。

第二节　竞争优势与市场定位

　　竞争优势是企业在市场竞争中获得成功的关键因素，而市场定位则是企业实现竞争优势的重要战略选择。本节将从波特的五力模型与竞争策略、价值链分析与成本领先战略、差异化战略与市场细分以及蓝海战略与市场创新四个方面，深入探讨企业如何构建竞争优势并进行有效的市场定位。

一、波特的五力模型与竞争策略

波特的五力模型是分析产业竞争结构的重要工具，它为企业制定竞争策略提供了理论基础。该模型认为，产业中的竞争程度由五种竞争力量决定：供应商的议价能力、购买者的议价能力、潜在进入者的威胁、替代品的威胁以及现有竞争者之间的竞争。

供应商的议价能力主要取决于供应商的集中度、转换成本、向前整合的能力等因素。当供应商议价能力强时，可能会压缩企业的利润空间。企业可以通过多元化采购、建立战略合作关系等方式来应对。

购买者的议价能力则受到购买者的集中度、购买规模、产品标准化程度等因素的影响。强大的购买者议价能力可能导致价格压力和服务要求的提高。企业可以通过提高产品差异化程度、增加客户转换成本等策略来增强自身地位。

潜在进入者的威胁主要取决于行业进入壁垒的高低。高进入壁垒可以保护现有企业的利润，但也可能抑制行业的创新。企业可以通过持续创新、规模经济、品牌建设等方式来提高进入壁垒。

替代品的威胁来自能够满足相似需求的其他产品或服务。替代品的存在会限制行业的价格上涨空间和利润潜力。企业需要通过提高产品性能、降低成本或转向不易被替代的市场细分来应对这一威胁。

现有竞争者之间的竞争强度受到行业增长率、固定成本、退出壁垒等因素的影响。激烈的竞争可能导致价格战和利润下降。企业可以通过差异化、成本控制、战略联盟等方式来增强竞争地位。

基于对这五种竞争力量的分析，波特提出了三种基本的竞争策略：总成本领先战略、差异化战略和聚焦战略。总成本领先战略旨在通过严格的成本控制和规模经济来实现低成本优势。这种策略要求企业具有较高的市场份额或其他优势，如有利的原材料获取渠道。然而，过度关注成本可能会忽视产品差异化和客户需求变化。差异化战略则强调为客户提供独特的、高价值的产品或服务。这种策略可以通过产品特性、品牌形象、技术、客户服务等方面的创新来实现。差异化可以提高客户忠诚度，减少价格敏感性，但也可能带来较高的研发和营销成本。聚焦战略是指企业将资源集中于特定的市场细分或产品线。这种策略可以细分为聚焦成本领先和聚焦差异化两种形式。聚焦策略允许企业在特定领域建立竞争优势，但也可能面临市场狭窄和风险集中的问题。

波特的五力模型和竞争策略为企业分析竞争环境和制定战略提供了系统的框架。然而，这一理论也面临一些批评和挑战。首先，五力模型主要关注行业结构，可能忽视了企业内部能力和资源的重要性。资源基础理论认为，企业的独特资源和能力是竞争优势的关键来源。其次，在快速变化的市场环境中，五力模型可能无法充分捕捉动态的竞争态势。例如，在某些高科技行业，创新和技术变革的速度可能超过传统的行业结构分析速度。再次，五力模型较少考虑互补者的作用。在某些情况下，与互补产品或服务提供者的合作可能成为重要的竞争优势来源。最后，全球化和数字化趋势对传统的竞争策略提出了新的挑战。例如，互联网的发展使得一些行业的地理界限变得模糊，改变了竞争的性质。

尽管存在这些局限性，波特的五力模型和竞争策略仍然是企业战略分析的重要工具。企业在应用这些理论时，需要结合具体的行业特征和自身情况，并考虑新的竞争动态。同时，企业还应该关注资源能力的培养、动态能力的建设以及与其他利益相关者的协同发展，以构建更全面和持久的竞争优势。

二、价值链分析与成本领先战略

价值链分析是理解企业如何创造价值和识别成本来源的重要工具，它为实施成本领先战略提供了系统的分析框架。价值链包括企业的主要活动和支持活动，通过分析这些活动，企业可以找到提高效率和降低成本的机会。

价值链的主要活动包括内部后勤、生产运营、外部后勤、市场营销与销售以及售后服务。内部后勤涉及原材料的接收、存储和分配；生产运营将投入转化为最终产品；外部后勤负责存储和分配产品给客户；市场营销与销售识别客户需求，说服客户购买产品；售后服务则维护产品价值。支持活动包括企业基础设施、人力资源管理、技术开发和采购。企业基础设施包括财务、法律、管理等功能；人力资源管理涉及招聘、培训、薪酬等；技术开发关注产品和流程的研发；采购则负责获取必要的投入。

通过分析这些活动，企业可以识别成本驱动因素和价值创造的来源，从而为实施成本领先战略提供依据。成本领先战略的核心是通过各种方式降低成本，使企业能够以较低的价格获得市场份额，或者在与竞争对手相同的价格下获得更高的利润。实施成本领先战略的主要方法包括规模经济、经验曲线效应、严格的成本控制、技术创新、优化供应链、流程再造和外包等。

规模经济通过扩大生产规模降低单位成本；经验曲线效应指随着累计生产量的增加，单位成本下降；严格的成本控制在各个价值链环节实施严格的成本管理；技术创新通过技术改进提高生产效率，降低成本；优化供应链通过与供应商的合作和供应链管理降低采购成本；流程再造重新设计业务流程，消除不必要的环节和浪费；外包则将非核心活动外包给专业供应商，降低运营成本。

成本领先战略的优势在于在价格竞争中占据有利地位，对强势买家和供应商有更强的议价能力，在面对替代品威胁时有更大的灵活性，并形成进入壁垒，阻止潜在竞争者进入。然而，成本领先战略也面临一些风险和挑战。技术变革可能使现有的成本优势失效；过度关注成本可能忽视产品创新和客户需求变化；竞争对手可能通过模仿或技术突破追赶成本优势；在追求成本领先的过程中可能忽视其他重要的战略因素。

为了有效实施成本领先战略，企业需要持续的过程改进和创新，不断寻找降低成本的新方法；建立强大的成本管理系统，准确追踪和分配成本；培养成本意识文化，使成本控制成为全员的责任；平衡成本控制与产品质量和客户满意度；关注行业趋势和技术发展，及时调整成本结构。

价值链分析为企业实施成本领先战略提供了系统的分析工具。通过深入理解价值创造过程和成本结构，企业可以更有针对性地实施成本控制措施，构建持久的成本优势。然而，企业也需要认识到，单纯的成本领先可能不足以应对复杂的竞争环境。在追求成本优势的同时，企业还需要关注产品创新、客户需求变化和其他战略因素，以确保长期的竞争优势。

三、差异化战略与市场细分

差异化战略是企业通过提供独特的产品或服务来创造竞争优势的一种方法。它与市场细分密切相关，因为有效的差异化往往需要针对特定的市场细分进行定制。差异化战略和市场细分共同构成了企业建立竞争优势和进行市场定位的重要手段。

差异化战略的核心是为客户提供独特的价值主张，使企业的产品或服务在客户心目中形成与众不同的形象。差异化可以通过多种方式实现，包括产品特性、品牌形象、技术创新、客户服务、营销方式和定制化等。产品特性差异化通过独特的功能、设计或性能来实现；品牌形象差异化建立强大的品牌认知和情感联系；技术创新差异化通过领先的技术来提供更高性能或更新颖的产品；客户服务差异化提供卓越的客户体验和售后支持；营销方式差异化采用创新的营销渠道或方法；定制化差异化则根据客户需求提供个性化的产品或服务。

差异化战略的优势在于：提高客户忠诚度，降低价格敏感性；创造进入壁垒，难以被竞争对手模仿；获得更高的利润率；减少与替代品的直接竞争。然而，差异化战略也面临一些挑战。高昂的研发和营销成本可能增加企业的财务压力；难以保持长期的差异化优势，竞争对手可能通过模仿或创新缩小差距；客户可能不愿意为差异化特征支付溢价，特别是在经济不景气时期；过度差异化可能导致市场份额较小，难以实现规模经济。

市场细分是将整体市场划分为具有不同需求、特征或行为的细分市场的过程。它是实施差异化战略的基础，也是有效进行市场定位的前提。市场细分的主要步骤包括选择细分标准、描述细分市场、评估细分市场的吸引力和选择目标市场。选择细分标准可以基于地理、人口统计、心理图谱或行为等因素；描述细分市场需要对每个细分市场的特征进行详细描述；评估细分市场的吸引力需要考虑市场规模、增长潜力、竞争态势等因素；选择目标市场则是确定企业要服务的一个或多个细分市场。

市场细分的优势在于更精准地满足客户需求，提高营销效率，降低营销成本；发现新的市场机会；提高客户满意度和忠诚度。然而，市场细分也面临一些挑战：可能增加产品线复杂性和生产成本；过度细分可能导致每个细分市场规模过小，难以实现规模效益；需要大量的市场研究和数据分析，增加了营销成本；可能忽视细分市场之间的共性需求，导致资源分散。

差异化战略与市场细分的结合可以帮助企业更有效地建立竞争优势和进行市场定位。具体策略包括针对性差异化、多样化差异化、品牌差异化和价值链差异化。针对性差异化为特定的细分市场开发定制化的产品或服务；多样化差异化针对不同的细分市场提供不同的差异化方案；品牌差异化为不同的细分市场建立不同的品牌形象；价值链差异化则针对不同的细分市场调整价值链活动。

为了有效实施差异化战略和市场细分，企业需要深入了解客户需求和偏好，持续进行市场研究；培养创新能力，不断开发新的差异化特征；建立强大的品牌管理能力，有效传达差异化价值；保持对市场变化的敏感性，及时调整细分策略；平衡差异化和成本控制，确保差异化特征能够带来足够的价值。

差异化战略与市场细分是企业建立竞争优势和进行市场定位的重要工具。通过深入理解客户需求，针对性地提供独特价值，企业可以在竞争激烈的市场中脱颖而出。然而，企业在实施这些策略时也需要注意平衡差异化程度与市场规模、创新与成本控制之间的关系，以确保战略的可持续性和经济可行性。

四、蓝海战略与市场创新

蓝海战略是一种创新性的战略思维，它强调企业应该创造新的市场空间，而不是在现有的市场中争夺份额。这种战略与传统的竞争策略形成鲜明对比，后者往往专注于在已知的市场空间内竞争，被称为"红海战略"。蓝海战略的核心理念是通过价值创新同时实现差异化和低成本，从而开创新的市场空间。

蓝海战略的主要特征包括：创造新的市场空间，而不是在现有市场中竞争；使竞争变得无关紧要，而不是击败竞争对手；创造和获取新的需求，而不是利用现有需求；打破价值—成本的取舍，同时追求差异化和低成本；将整个组织系统的活动与战略选择保持一致。这种战略思维要求企业跳出传统的产业界限，重新定义市场边界，发现和创造新的需求。

实施蓝海战略的关键工具包括战略画布、四项行动框架和价值曲线。战略画布是一个分析工具，用于比较企业与竞争对手在各个竞争因素上的表现。四项行动框架指导企业思考如何重构买方价值要素，包括：哪些因素应该被删除、哪些因素应该被减少、哪些因素应该被增加、哪些因素应该被创造。价值曲线则是战略画布的图形表示，它直观地展示了企业在各个价值要素上的表现。

市场创新是蓝海战略的核心，它涉及创造新的市场空间、重新定义产品或服务的概念、开发新的商业模式等。市场创新的主要方式包括：

（1）创造新的市场类别：开发全新的产品或服务，满足尚未被认知或满足的需求。

（2）重新定义现有市场：通过改变产品定义或用途，拓展现有市场的边界。

（3）整合跨界市场：将原本分离的市场整合，创造新的价值主张。

（4）开发新的商业模式：通过创新的收入模式、价值传递方式等，重塑市场规则。

（5）发现新的客户群：识别被忽视的客户群，为其开发专门的产品或服务。

（6）创新价值链：通过重新设计价值链，创造新的效率或价值来源。

蓝海战略和市场创新的实施面临一些挑战。首先，创造新市场空间需要洞察力和创造力，这对企业的创新能力提出了高要求。其次，新市场的不确定性较高，企业需要承担较大的风险。再次，创新可能面临组织惯性和利益相关者的阻力。最后，一旦成功创造蓝海，如何维持竞争优势并阻止模仿者进入也是一个挑战。

蓝海战略与市场创新为企业提供了一种新的战略思维方式，有助于企业在竞争激烈的市场环境中寻找新的增长机会。然而，这种策略也需要企业具备强大的创新能力和风险承受能力。成功的蓝海战略不仅需要创造性的思维，还需要系统的方法和坚持不懈的执行。

　　竞争优势与市场定位是企业战略管理的核心内容。波特的五力模型和竞争策略为企业分析竞争环境和制定基本战略提供了系统的框架。价值链分析和成本领先战略帮助企业识别成本来源并构建成本优势。差异化战略和市场细分则使企业能够针对特定市场提供独特价值。蓝海战略和市场创新为企业开创新市场空间提供了创新性思路。

　　这些不同的战略视角和工具并不是相互排斥的，而是可以根据企业的具体情况和市场环境进行灵活组合和应用。例如，企业可以在某些市场细分中采用成本领先战略，而在其他细分市场中实施差异化战略。同时，企业也可以通过市场创新来开拓新的蓝海，并在新市场中建立成本或差异化优势。

　　随着经济全球化、技术革新和消费者行为的变化，企业面临的竞争环境越来越复杂。传统的竞争优势可能快速消失，新的竞争形式不断涌现。在这种背景下，企业需要更加敏捷和创新，不断探索新的竞争优势来源和市场定位方式。例如，数字化转型、平台战略、生态系统构建等新的战略思维正在改变传统的竞争格局。

　　同时，企业也需要更多地考虑社会责任和可持续发展，将这些因素纳入竞争优势的构建中。例如，环境友好的生产方式、负责任的供应链管理、社会价值创造等，都可能成为新的差异化源泉和竞争优势。

　　总之，在构建竞争优势和进行市场定位时，企业需要综合考虑各种战略工具和方法，根据自身特点和外部环境灵活运用。同时，要保持战略思维的开放性和前瞻性，持续关注新的竞争形式和价值创造方式，以确保在快速变化的商业环境中保持持久的竞争优势。

第三节　企业资源规划与配置

　　企业资源规划与配置是企业战略管理中的关键环节，直接影响企业的竞争力和长期发展。本节将从资源基础观点、核心能力、资源配置的效率与效果以及动态能力四个方面，深入探讨企业如何有效规划和配置资源，以构建持续的竞争优势。

一、资源基础观点与企业竞争力

资源基础观点（Resource-Based View，RBV）是战略管理理论中的重要分支，它强调企业的独特资源和能力是竞争优势的主要来源。这一理论认为，企业是异质的资源和能力的集合，而非同质的生产函数。企业之间的绩效差异主要源于它们所拥有的资源和能力的差异，而非仅仅体现为市场结构或战略定位的不同。

资源基础观点认为，能够为企业带来持续竞争优势的资源应具备以下特征：价值性、稀缺性、难以模仿性和不可替代性。价值性指资源能够帮助企业利用市场机会或抵御市场威胁；稀缺性意味着这些资源不易被其他竞争对手获得；难以模仿性表示竞争对手难以复制或获取这些资源；不可替代性则意味着没有其他资源可以提供相同的战略价值。

企业的资源可以分为有形资源和无形资源。有形资源包括物质资产、财务资产等，相对容易被识别和测算。无形资源包括品牌、声誉、组织文化、知识产权等，虽然难以被量化，但往往是更持久的竞争优势来源。资源基础观点特别强调无形资源的重要性，因为这些资源通常更难被竞争对手模仿或替代。

资源基础观点对企业竞争力的影响主要体现在以下几个方面：

首先，它改变了企业战略制定的视角。传统的战略分析主要关注外部环境，而资源基础观点强调从企业内部资源和能力出发制定战略。这种内向型的战略思维有助于企业发掘自身独特优势，并基于这些优势制定差异化战略。

其次，资源基础观点强调资源的异质性和不完全流动性。这意味着企业应该专注于发展那些难以被竞争对手模仿或获取的独特资源，以构建持续的竞争优势。这种思维导向鼓励企业进行长期投资和能力建设，而不是仅仅关注短期市场定位。

再次，资源基础观点强调资源的组合和协同效应。单个资源可能无法带来持续的竞争优势，但多种资源的独特组合可能形成难以模仿的核心能力。因此，企业需要关注资源之间的互补性和协同效应，而不仅仅是单个资源的积累。

最后，资源基础观点为企业多元化战略提供了新的理论基础。企业可以基于其核心资源和能力向相关领域扩张，充分利用现有资源的协同效应。这种基于资源的多元化往往比纯粹的财务多元化更有可能创造价值。

然而，资源基础观点也面临一些批评和挑战。首先，它可能导致企业过度关注内部资源而忽视外部环境的变化。在快速变化的市场环境中，过度依赖现有资源可能导致企业错失新的机会。其次，识别和评估真正具有战略价值的资源并非易事，特别是对于无形资源而言。再次，资源基础观点可能低估了企业管理者在资源配置和利用方面的作用。

资源基础观点为理解企业竞争力提供了重要的理论视角。它强调企业应该基于自身独特的资源和能力来构建竞争优势，而不仅仅是适应外部环境。然而，在应用这一理论时，企业需要平衡内部资源导向和外部市场导向，确保资源的发展与市场需求相匹配。

二、核心能力与竞争优势的构建

核心能力是企业独特的、难以被竞争对手模仿的能力组合，它是企业竞争优势的重要来源。核心能力理论是资源基础观点的延伸和深化，强调企业应该关注那些能够为客户创造独特价值的能力组合，而不仅仅是单个资源。

核心能力通常具有以下特征：

（1）价值性：能为客户创造显著价值。

（2）独特性：难以被竞争对手模仿或复制。

（3）可扩展性：可以应用于多个产品或市场。

（4）嵌入性：深深植根于组织的流程和文化中。

（5）动态性：能够随环境变化而不断改进。

核心能力的构建是一个长期、复杂的过程，涉及多个方面。

首先，识别潜在的核心能力。企业需要系统评估其资源和能力，识别那些能够为客户创造独特价值的能力组合。这可能涉及技术能力、市场洞察能力、组织学习能力等多个方面。

其次，投资和培养核心能力。一旦识别了潜在的核心能力，企业需要进行持续的投资和培养。这可能包括研发投入、人才培养、组织结构调整等。核心能力的发展通常需要长期积累和学习。

再次，整合和协同。核心能力往往是多种资源和能力的独特组合。企业需要有效整合不同的资源和能力，创造协同效应。这可能涉及跨部门协作、知识管理等方面的努力。

最后，保护和更新核心能力。企业需要建立机制来保护核心能力，如专利保护、组织隔离等。同时，随着环境的变化，企业也需要不断更新和调整其核心能力，以保持竞争优势。

核心能力是构建持续竞争优势的重要基础。然而，在快速变化的环境中，企业需要不断评估和调整其核心能力，确保能力的发展与市场需求和技术趋势保持一致。同时，企业也需要培养动态能力，以适应环境变化并持续优化其资源和能力组合。

三、资源配置的效率与效果

资源配置是企业战略实施的关键环节，它直接影响企业的运营效率和战略目标的实现。高效的资源配置不仅能够提高企业的短期绩效，还能为长期竞争优势的构建奠定基础。资源配置的效率与效果主要体现在以下几个方面：

首先，资源配置的效率指企业能够以最小的成本或投入获得最大的产出。这涉及资源利用率的提高、冗余资源的消除、资源协同效应的发挥等。高效的资源配置可以帮助企业降低成本，提高利润率，增强价格竞争力。

其次，资源配置的效果则关注资源配置是否有助于企业战略目标的实现。即使资源配置在技术层面上是高效的，如果不能支持企业的战略方向，其效果也是不佳的。有效的资源配置应该能够支持企业的核心能力发展，强化其竞争优势。

为了提高资源配置的效率与效果，企业可以采取以下措施：

第一，建立战略导向的资源配置机制。资源配置应该与企业的战略目标紧密联系，优先保障战略性项目和核心能力的资源需求。

第二，实施动态的资源配置管理。企业应该建立定期的资源评估和重新配置机制，确保资源配置能够随环境变化而及时调整。

第三，提高资源配置的透明度。通过信息系统和报告机制，提高资源配置的可视性，便于管理层进行监控和决策。

第四，促进资源的跨部门共享。打破部门壁垒，建立资源共享平台，提高资源利用效率。

第五，引入市场机制。在组织内部引入一定的市场机制，如内部定价、内部竞争等，可以提高资源配置的效率。

第六，加强资源配置的绩效评估。建立科学的评估指标体系，定期评估资源配置的效率和效果，并将评估结果与管理者绩效挂钩。

第七，培养资源整合能力。提高企业整合和协同利用不同资源的能力，创造更大的价值。

资源配置的效率与效果是企业竞争力的重要体现。高效和有效的资源配置不仅能够提高企业的短期绩效，还能为长期竞争优势的构建奠定基础。企业需要建立系统化、动态化的资源配置机制，并不断优化这一机制以适应内外部环境的变化。

四、动态能力与资源的持续优化

动态能力是指企业感知和把握机会、重新配置资源以适应环境变化的能力。在快速变化的商业环境中，动态能力对于企业保持竞争优势至关重要。动态能力理论是对资源基础观和核心能力理论的重要补充，强调企业需要不断更新和重构其资源和能力，以应对环境变化。

动态能力包括三个核心方面：

（1）感知能力：识别、过滤、评估和塑造机会的能力。这要求企业具备强大的市场洞察力和技术预见能力。

（2）捕获能力：动员资源以把握机会，创造和获取价值的能力。这涉及决策能力、资源配置能力和执行能力。

（3）重构能力：持续更新、整合和重新配置企业资源的能力。这包括组织学习、资源整合和业务转型能力。

动态能力对资源的持续优化起着关键作用。首先，动态能力使企业能够及时识别环境变化对资源价值的影响。某些原本有价值的资源可能因为技术进步或市场变化而失去价值，而新的战略性资源可能出现。动态能力使企业能够快速调整其资源组合。其次，动态能力促进资源的持续更新和升级。通过持续学习和创新，企业可以不断提升其资源的质量和价值，保持竞争优势。再次，动态能力有助于资源的重新组合和整合。随着环境变化，原有的资源组合可能不再适应新的竞争环境。动态能力使企业能够灵活地重新组合和整合资源，创造新的价值。最后，动态能力支持资源的创造和获取。面对新的机会，企业需要快速获取或培养新的资源。动态能力使企业能够有效地创造新资源或从外部获取所需资源。

动态能力是企业在快速变化环境中保持竞争优势的关键。它使企业能够持续优化其资源组合，适应环境变化，把握新的机会。然而，动态能力的培养是一个长期过程，需要企业在组织结构、文化、人才和技术等多个方面进行系统性投资和改进。

企业资源规划与配置是一个复杂的系统工程，涉及多个相互关联的方面。资源基础观点为企业提供了一个以内部资源和能力为中心的战略思维框架。核心能力理论强调企业应该关注那些能够为客户创造独特价值的能力组合。资源配置的效率与效果直接影响企业的运营绩效和战略目标的实现。动态能力则使企业能够在变化的环境中持续优化其资源组合。

这些理论和实践方法并非相互独立，而是密切相关、相互补充的。例如，资源基础观点为识别核心能力提供了理论基础；核心能力的构建需要通过高效的资源配置来实现；而动态能力则确保核心能力能够随环境变化而改进，保持其战略价值。

这个体系应该是动态的，能够根据内外部环境的变化而不断调整。同时，它还需要与企业的其他管理系统，如战略规划、绩效管理、组织设计等紧密结合，形成一个协调一致的整体。

　　在全球化和数字化的背景下，企业资源规划与配置面临新的挑战和机遇。全球化使得企业需要在更大的地理范围内优化资源配置，这增加了管理的复杂性。数字化则为资源管理提供了新的工具和方法，如大数据分析、人工智能等，可以帮助企业更精准、更高效地进行资源规划和配置。

　　总之，有效的企业资源规划与配置是企业实现战略目标、构建竞争优势的关键。它要求企业具备系统思考、战略眼光和动态适应能力。只有不断优化资源管理体系，企业才能在复杂多变的商业环境中保持持续的竞争力。

第四节　战略联盟与经济发展的互动

　　战略联盟作为企业间合作的重要形式，在现代经济发展中扮演着越来越重要的角色。本节将从战略联盟的类型与动机、联盟管理与协同效应的实现、战略联盟与产业升级以及跨国战略联盟与全球经济发展四个方面，深入探讨战略联盟与经济发展之间的互动关系。

一、战略联盟的类型与动机

　　战略联盟是指两个或多个独立企业之间为实现共同战略目标而形成的合作关系。根据合作的形式和程度，战略联盟可以分为以下几种类型：合同式联盟、股权式联盟、功能性联盟、价值链联盟和竞争者联盟。合同式联盟是基于合同的松散合作，如许可协议、特许经营等。股权式联盟涉及股权投资，如合资企业。功能性联盟针对特定业务功能的合作，如研发联盟、营销联盟等。价值链联盟是在价值链不同环节的企业之间形成的合作，如供应链联盟。竞争者联盟则是同行业竞争对手之间的合作。

　　企业形成战略联盟的动机多种多样，主要包括以下几个方面：获取资源和能力、分散风险、实现规模经济和范围经济、提高市场影响力、学习和创新、应对环境不确定性以及提高竞争地位。通过联盟，企业可以获得自身缺乏的资源和能力，如技术、市场渠道、品牌等。这种资源互补可以帮助企快速增强竞争力，无需进行长期的内部积累。在面对高风险、高投入的项目时，企业可以通过联盟分散风险。通过联盟，企业可以扩大生产规模，降低单位成本；或者拓展产品线，实现资源的协同利用。联盟可以帮助企业快速进入新市场，或者增强在现有市场的地位。通过与其他企业的合作，企业可以学习新的知识和技能，促进创新。在快速变化的市场环境中，联盟提供了一种灵活的组织形式，使企业能够快速响应环境变化。通过与其他企业结盟，企业可以改变行业的竞争格局，如联合抵制新进入者或共同制定行业标准。

然而，战略联盟也面临一些潜在风险和挑战，包括利益冲突、文化差异、知识泄漏风险、管理复杂性和依赖性风险。联盟各方可能存在不同的战略目标和利益诉求，这可能导致合作的不稳定。特别是在跨国联盟中，文化差异可能导致沟通障碍和管理冲突。在合作过程中，企业核心知识可能被合作伙伴获取，导致竞争优势的丧失。联盟的管理涉及多个独立实体，增加了决策和协调的复杂性。过度依赖联盟可能导致企业自身能力的弱化。

为了有效应对这些挑战，企业需要慎重选择联盟伙伴，明确界定联盟目标和范围，建立有效的治理机制，并保持对联盟绩效的持续评估。同时，企业还需要平衡联盟合作与内部能力建设之间的关系，确保在获取外部资源的同时不损害自身的核心竞争力。战略联盟作为一种组织间合作形式，为企业提供了一种灵活、高效的方式来获取资源、分散风险、提高竞争力。然而，成功的战略联盟需要企业具备成熟的合作管理能力和清晰的战略定位。在全球化和技术快速变革的背景下，战略联盟的重要性可能会进一步提升，成为企业战略工具箱中不可或缺的一部分。

二、联盟管理与协同效应的实现

联盟管理是实现战略联盟预期目标的关键。有效的联盟管理不仅能够协调各方利益，还能创造超越各自能力的协同效应。联盟管理涉及联盟的形成、运作和演变等多个阶段，每个阶段都有其特定的管理重点和挑战。

联盟形成阶段的关键任务包括伙伴选择、目标设定、结构设计以及谈判与契约。在伙伴选择过程中，需要评估潜在伙伴的战略匹配度、资源互补性和文化兼容性。目标设定阶段需要明确界定联盟的战略目标、合作范围和预期成果。结构设计需要选择适当的联盟形式，如合同式、股权式等。谈判与契约阶段则需要就联盟的具体条款进行谈判，形成正式的联盟协议。

联盟运作阶段的主要管理任务包括治理机制、资源配置、知识管理、文化整合和绩效评估。需要建立有效的决策和冲突解决机制，协调各方资源投入，确保资源的有效利用。同时，促进知识共享，保护核心知识，培养共同的联盟文化，促进跨组织合作。定期评估联盟绩效，确保目标实现也是关键任务之一。

联盟演变阶段的管理重点包括调整与重组、学习与创新以及退出管理。根据内外部环境变化调整联盟策略和结构，促进组织间学习，推动联盟创新。在必要时，还需要妥善管理联盟的终止或退出过程。

实现协同效应是联盟管理的核心目标之一。协同效应指的是联盟创造的价值超过各方独立运营时价值的总和。协同效应可能来源于多个方面，包括规模经济、范围经济、互补性资源、学习效应和网络效应。通过联合采购、生产等活动可以降低成本，实现规模经济。共享资源和能力可以拓展产品或市场范围，实现范围经济。结合各方独特资源可以创造新的价值。通过相互学习可以提高组织能力。利用联盟伙伴的关系网络可以扩大影响力。

然而，实现协同效应也面临一些挑战。首先，协同效应的识别和量化较为困难。有些协同效应可能是长期的、间接的，难以准确估算。其次，协同效应的实现需要各方的积极合作和资源投入。如果缺乏信任或存在"搭便车"行为，协同效应可能难以实现。最后，过度追求协同可能导致组织僵化或核心能力的弱化。企业需要在联盟合作和保持独立性之间找到平衡。

为了有效实现协同效应，企业可以采取一系列措施。如在联盟形成初期就明确识别潜在的协同领域；设计合理的利益分配机制，激励各方积极创造协同价值；建立畅通的沟通渠道，培养伙伴间的信任关系；成立专门的团队负责协同机会的识别和实施；对协同项目进行定期评估和调整；将协同管理能力纳入组织的核心能力建设中。

有效的联盟管理和协同效应的实现是战略联盟成功的关键。它要求企业具备成熟的合作管理能力、清晰的战略视野和灵活的组织结构。在全球化和数字化的背景下，企业间的合作日益复杂，联盟管理的重要性可能会进一步提升。

三、战略联盟与产业升级

战略联盟在推动产业升级方面发挥着重要作用。通过联盟，企业可以获取新技术、开拓新市场、优化价值链，从而促进整个产业的升级和发展。战略联盟对产业升级的影响主要体现在以下几个方面：促进技术创新和扩散、优化产业结构、提高产业集中度、促进产业国际化以及加速新兴产业发展。

通过研发联盟，企业可以分担研发成本和风险，加速技术创新。同时，联盟也为技术扩散提供了渠道，促进整个产业的技术进步。通过纵向联盟（如供应链联盟）和横向联盟（如同业联盟），企业可以优化产业链结构，提高整体效率。这种结构优化有助于产业向高附加值环节升级。通过联盟，企业可以整合资源，提高市场影响力。适度的产业集中有利于实现规模经济，提高国际竞争力。跨国战略联盟为本土企业进入国际市场、融入全球价值链提供了途径，推动产业的国际化发展。在新兴产业领域，战略联盟可以帮助企业快速积累资源和能力，加速产业成熟。

然而，战略联盟对产业升级也存在一些潜在风险影响。首先，过度依赖联盟可能削弱企业自主创新能力。如果企业过度依赖外部资源，可能忽视内部能力建设，长期影响产业的自主创新能力。其次，联盟可能导致市场垄断。如果少数大企业通过联盟控制了关键资源或市场，可能抑制产业的良性竞争和创新。最后，跨国联盟可能带来技术外流风险。在国际合作中，核心技术可能被外国合作方获取，影响产业的长期竞争力。

为了充分发挥战略联盟在产业升级中的积极作用，同时规避潜在风险，可以采取多项措施。政府可以通过政策引导，鼓励有利于产业升级的联盟形式。促进企业、高校、研究机构之间的合作，加速科技成果转化。完善知识产权保护，为联盟合作提供法律保障，同时防止核心技术外流。发展专业的联盟咨询、评估、管理服务，提高联盟合作的成功率。通过政策支持，帮助中小企业融入产业联盟，分享升级红利。在保护核心利益的基础上，积极参与国际联盟，提升产业的全球竞争力。

战略联盟是推动产业升级的重要工具。然而，其效果取决于联盟的设计、管理以及配套的政策环境。在全球化和数字化的背景下，战略联盟在产业升级中的作用可能会进一步增强，成为产业政策的重要组成部分。

四、跨国战略联盟与全球经济发展

跨国战略联盟（后文简称"跨国联盟"）是指来自不同国家的企业之间形成的战略合作关系。在全球经济一体化的背景下，跨国战略联盟日益成为企业国际化和全球经济发展的重要推动力。跨国战略联盟对全球经济发展的影响主要体现在以下几个方面：促进资源的全球优化配置、加速技术和知识的全球扩散、推动全球价值链的形成和发展、促进国际市场的整合以及推动全球产业结构调整。

跨国联盟使得企业能够在全球范围内获取和整合资源，提高资源利用效率。这种全球性的资源配置有助于提高整体经济效率。通过跨国联盟，先进技术和管理知识可以更快地在全球范围内传播，促进全球技术进步和生产力提升。跨国联盟是构建全球价值链的重要方式，它使得不同国家的企业能够在全球生产网络中找到合适的位置。跨国联盟有助于打破国家间的市场壁垒，推动市场的全球化。这有利于实现规模经济，提高全球经济效率。通过跨国联盟，产业可以在全球范围内进行优化布局，促进产业结构的升级和调整。

然而，跨国联盟对全球经济发展的影响也存在一些潜在风险和挑战。首先，跨国联盟可能加剧全球经济的不平衡。资源和技术可能过度集中于少数跨国公司，加剧国家间和地区间的发展差距。其次，跨国联盟可能引发全球范围的产业垄断，抑制市场竞争和创新。最后，跨国联盟可能导致文化冲突和管理复杂性，增加全球经济的不确定性。

为了增强跨国联盟对全球经济发展的积极影响，同时减轻潜在风险，需要采取以下措施：首先，完善全球经济治理体系。建立公平、透明的国际规则，规范跨国联盟的行为，防止垄断和不正当竞争。其次，促进包容性发展。

鼓励跨国联盟向发展中国家和欠发达地区转移技术和知识，促进全球经济的均衡发展。再次，加强跨文化管理。培养具有全球视野和跨文化管理能力的人才，促进不同文化背景企业的有效合作。此外，还需要加强国际合作与协调。各国政府和国际组织应加强合作，共同应对跨国联盟带来的挑战，如税收问题、劳工标准、环境保护等。同时，应该建立有效的争端解决机制，以应对跨国联盟可能引发的国际纠纷。加强技术创新和知识产权保护也是重要措施。鼓励跨国联盟进行联合研发，推动全球技术进步。同时，完善国际知识产权保护体系，为跨国技术合作提供法律保障。最后，培育全球化人才。各国应该加强国际化教育，培养具有全球视野、跨文化沟通能力和国际商务技能的人才，为跨国联盟的发展提供人力资源支持。

跨国战略联盟作为全球经济一体化的重要载体，在推动全球资源优化配置、促进技术创新和知识传播、形成全球价值链等方面发挥着关键作用。然而，其发展也面临着诸多挑战。只有通过完善全球经济治理、促进包容性发展、加强国际合作等措施，才能充分发挥跨国战略联盟对全球经济发展的积极作用，实现互利共赢的全球化发展模式。

战略联盟与经济发展的互动是一个复杂的系统性过程。从微观层面来看，战略联盟为企业提供了获取资源、分散风险、提高竞争力的有效途径。通过联盟，企业可以快速获得新技术、进入新市场、优化价值链，从而促进自身的发展和升级。从中观层面来看，战略联盟推动了产业结构的优化和升级。通过产业链联盟、技术创新联盟等形式，促进了产业内部的资源整合和效率提升，加速了新兴产业的发展。从宏观层面来看，特别是跨国战略联盟，对全球经济发展产生了深远影响，促进了全球资源的优化配置、技术知识的扩散和全球价值链的形成。

然而，战略联盟与经济发展的互动也面临着诸多挑战。首先是如何平衡合作与竞争的关系。过度的联盟可能导致市场垄断，抑制创新和效率提升。其次是如何管理联盟的复杂性。随着联盟规模和范围的扩大，联盟管理的难度也随之增加。再次是如何应对全球化背景下的文化差异和制度障碍。跨国联盟面临着更大的文化冲突和制度协调挑战。

对于企业而言，需要提高联盟管理能力，包括伙伴选择、联盟设计、协同管理等方面的能力。同时，还需要平衡联盟合作与自身能力建设的关系，避免过度依赖外部资源。对于政府而言，需要制定鼓励有益联盟的政策，完善相关法律法规，为联盟发展创造良好环境。同时，还需要防范联盟可能带来的垄断风险，保护中小企业利益。在国际层面，需要加强全球经济治理，为跨国联盟的发展创造公平、透明的国际环境。

战略联盟已成为现代经济发展的重要推动力。充分认识和把握战略联盟与经济发展的互动关系，对于企业制定竞争战略、政府制定产业政策以及推动全球经济可持续发展都具有重要意义。未来，随着经济形态的不断改进，战略联盟的形式和内容也将不断创新，继续在经济发展中发挥关键作用。

在未来的发展中，战略联盟与经济发展的互动可能会呈现以下几个趋势：

第一，联盟形式的多元化和灵活化。随着市场环境的快速变化和技术的快速发展，传统的长期、紧密型联盟可能会逐渐让位于更加灵活、短期的联盟形式。比如，项目型联盟、虚拟联盟等形式可能会更加普遍。这种趋势要求企业具备更强的联盟组建和解散能力，能够快速识别机会、形成合作、实现目标。

第二，跨界联盟的增加。随着产业边界的模糊化和新兴产业的兴起，跨行业、跨领域的联盟可能会变得更加普遍。例如，传统制造业与互联网企业的联盟、金融机构与科技公司的联盟等。这种跨界联盟有助于促进创新，但也对联盟管理提出了更高的要求，特别是在文化整合和知识管理方面。

第三，开放式创新联盟的兴起。在创新日益复杂和昂贵的背景下，开放式创新联盟可能会成为重要趋势。企业可能会更多地与外部伙伴，包括竞争对手、供应商、客户、研究机构等形成创新网络，共同进行研发和创新。这种趋势要求企业具备开放的创新文化和有效的知识管理能力。

第四，数字化联盟的发展。随着数字技术的深入应用，基于数字平台的联盟可能会变得更加普遍。这种联盟形式可以大大降低合作的空间限制，提高联盟的效率和灵活性。同时，大数据、人工智能等技术的应用也可能为联盟管理提供新的工具和方法。

第五，可持续发展联盟的增加。随着全球对可持续发展问题的日益关注，围绕环境保护、社会责任等主题的联盟可能会增加。这种联盟不仅涉及企业之间的合作，还可能包括企业与政府、非政府组织之间的合作。

第六，全球价值链重构背景下的联盟调整。在全球地缘政治变化和产业链安全考虑的背景下，全球价值链可能面临重构。这可能会推动新的跨国联盟的形成，同时也可能导致一些现有联盟的解体或调整。

战略联盟与经济发展的互动将继续深化，呈现出更加复杂和多元的特征。这既为经济发展带来了新的动力，也对企业管理和政策制定提出了新的挑战。只有准确把握这一互动关系的演变趋势，才能充分发挥战略联盟在推动经济发展中的积极作用，实现经济的可持续增长。

第四章　人力资源管理与经济发展

第一节　人力资源管理的基本原则

人力资源管理是现代企业管理的核心内容之一，其有效实施对企业的可持续发展和经济增长具有重要影响。本节将从人力资源规划与组织需求匹配、招聘与选拔的最佳实践、培训与发展的策略以及绩效管理与员工激励四个方面，深入探讨人力资源管理的基本原则。

一、人力资源规划与组织需求匹配

人力资源规划是人力资源管理的基础，它涉及对组织未来人力资源需求的预测、分析和规划。有效的人力资源规划能够确保组织在正确的时间、正确的岗位上拥有合适的人才，从而支持组织战略目标的实现。

人力资源规划的主要步骤包括：分析组织的战略目标、评估当前人力资源状况、预测未来人力资源需求、制定人力资源策略、实施和评估。在分析组织战略目标时，需要考虑组织的长期发展方向、市场环境变化和技术发展趋势等因素。评估当前人力资源状况包括对现有员工数量、技能、经验和潜力的分析。预测未来人力资源需求需要考虑业务增长、技术变革、员工流失等因素。

人力资源规划与组织需求匹配的关键在于确保人力资源策略与组织战略

的一致性。这要求人力资源管理部门深入了解组织的战略目标和业务需求，并将其转化为具体的人力资源计划。例如，如果组织的战略目标是进入新的市场领域，那么人力资源规划就需要考虑如何获取和培养相关领域的专业人才。

人力资源规划还需要考虑外部环境的变化。劳动力市场的供需状况、技术发展趋势、人口结构变化等因素都会影响人力资源规划。例如，在某些高技能领域可能面临人才短缺，这就需要组织提前制定人才培养和吸引策略。

此外，人力资源规划还需要平衡短期需求和长期发展。短期内，组织可能需要快速填补某些岗位空缺；长期来看，则需要考虑人才梯队的建设和关键岗位的继任计划。这就要求人力资源规划具有前瞻性和灵活性，能够应对不确定性和变化。

人力资源规划的有效实施还依赖于组织内部的协调和沟通。人力资源部门需要与各业务部门密切合作，了解其人力需求和变化。同时，高层管理者的支持也至关重要，他们需要将人力资源规划视为战略决策的重要组成部分。

在实践中，组织可以采用多种工具和方法来支持人力资源规划。例如，使用人力资源信息系统来收集和分析员工数据，运用预测模型来估算未来人力需求，或者通过情景分析来评估不同战略选择对人力资源的影响。

然而，人力资源规划也面临一些挑战。首先是预测的准确性问题。在快速变化的环境中，长期预测变得越来越困难。其次是如何平衡标准化和灵活性。过于僵化的规划可能无法应对环境变化，但缺乏标准化又可能导致资源配置效率低下。再次是如何处理不同利益相关者的需求。人力资源规划需要平衡组织、员工和其他利益相关者的利益。

为了应对这些挑战，组织可以采取以下措施：第一，建立动态的人力资源规划机制，定期评估和调整计划。第二，采用灵活的人力资源策略，如使用临时工、外包人员等方式来应对短期需求波动。第三，加强数据分析能力，利用大数据和人工智能技术提高预测的准确性。第四，加强跨部门协作，确保人力资源规划能够反映整个组织的需求。

人力资源规划与组织需求匹配是一个复杂的系统工程，需要战略思维、分析能力和执行力的结合。有效的人力资源规划不仅能够支持组织的战略目标实现，还能提高人力资源管理的效率和效果，为组织的可持续发展奠定基础。

二、招聘与选拔的最佳实践

招聘与选拔是人力资源管理中的关键环节，其目标是为组织吸引和选择最合适的人才。有效的招聘与选拔不仅能够满足组织的人才需求，还能提高员工的匹配度和工作满意度，从而提升组织的整体绩效。

招聘过程通常包括以下步骤：确定需求、制定招聘策略、吸引候选人、筛选申请、面试和评估、做出决策、发出聘请书和入职管理。在确定需求阶段，需要明确岗位要求、所需技能和经验。制定招聘策略时，需要考虑内部晋升和外部招聘的平衡，以及使用何种招聘渠道。吸引候选人的方式包括发布职位广告、参加招聘会、利用社交媒体等。

筛选申请是初步评估候选人的重要步骤。可以通过审查简历、进行初步电话面试等方式来筛选。面试和评估阶段可能包括结构化面试、能力测试、性格测试、工作样本测试等。在做出决策时，需要综合考虑候选人的技能、经验、文化匹配度等因素。聘请书发出后，还需要进行薪酬谈判和背景调查。最后，入职管理对于新员工的快速融入和长期保留至关重要。

选拔过程中，有几个关键原则需要遵循：首先，客观性和公平性。选拔标准应该基于工作需求，避免任何形式的歧视。其次，有效性。选拔方法应该能够准确预测候选人未来的工作表现。再次，可靠性。不同评估者或不同时间的评估结果应该一致。最后，成本效益。选拔过程应该在保证质量的同时，控制时间和资金成本。

在实践中，组织可以采用多种方法来提高招聘与选拔的有效性。例如，使用结构化面试可以提高面试的客观性和可比性。采用工作样本测试可以更好地预测候选人的实际工作能力。利用人工智能技术可以提高简历筛选的效率和准确性。此外，建立多元化的招聘渠道、培养内部推荐文化、优化候选人体验等措施也可以提高招聘的效果。

然而，招聘与选拔也面临一些挑战。首先是人才市场的竞争日益激烈，特别是在一些高技能领域。其次是候选人信息的真实性和完整性问题。再次是如何评估候选人的文化匹配度和长期潜力。此外，新技术的应用也带来了一些伦理和法律问题，如人工智能筛选可能存在偏见等。

为了应对这些挑战，组织可以采取以下措施：第一，建立雇主品牌，提高组织对人才的吸引力。第二，加强背景调查和验证流程，确保候选人信息的准确性。第三，在选拔过程中加入文化匹配度评估，确保候选人能够融入组织文化。第四，定期评估和更新选拔标准和方法，以适应不断变化的工作需求。第五，加强招聘团队的培训，提高其评估和决策能力。

有效的招聘与选拔是组织获取人才的关键。它不仅影响组织的短期人员配置，还对组织的长期发展和文化塑造产生深远影响。因此，组织需要将招聘与选拔视为战略性工作，投入足够的资源，并不断优化流程和方法。

三、培训与发展的策略

培训与发展是提升员工能力、促进组织学习的重要手段。有效的培训与发展策略不仅能够提高员工的工作技能和效率，还能增强员工的忠诚度和满意度，从而提升组织的整体竞争力。

培训与发展的策略制定通常包括以下步骤：需求分析、目标设定、方案设计、实施和评估。需求分析阶段需要识别组织、岗位和个人层面的能力差距。目标设定阶段需要明确培训的具体目标，包括知识、技能和态度的改变。方案设计涉及培训内容、方法、时间和资源的规划。实施阶段需要确保培训的质量和参与度。评估阶段则需要测量培训的效果和投资回报。

培训方法可以分为在岗培训和脱产培训。在岗培训包括导师制、岗位轮换等，它能够直接结合实际工作，但可能受到日常工作的干扰。脱产培训包括课堂授课、研讨会、模拟训练等，它能够提供集中和系统的学习环境，但可能面临学习转化的挑战。

发展策略则更加关注员工的长期成长和职业发展。它可能包括职业规划、继任计划、领导力发展等内容。有效的发展策略能够帮助组织建立人才梯队，确保关键岗位的人才供应，同时也能满足员工的成长需求，提高员工置留率。

在实践中，组织可以采用多种方法来提高培训与发展的效果。例如，建立培训管理系统来追踪和评估培训效果；利用微课程和移动学习来提供碎片化学习机会；通过行动学习将培训与实际工作结合；建立内部讲师团队来传播组织知识和最佳实践等。

然而，培训与发展也面临一些挑战。首先，如何确保学习的转化，即将培训所学应用到实际工作中。其次，如何评估培训的长期效果，特别是一些软技能的培训。最后，如何平衡当前工作需求和长期发展需求。此外，在快速变化的环境中，如何确保培训内容的时效性也是一个挑战。

为了应对这些挑战，组织可以采取以下措施：第一，加强培训前后的支持，如设置学习目标、提供应用机会、进行跟进辅导等。第二，建立多维度的评估体系，包括反应层面、学习层面、行为层面和结果层面的评估。第三，将培训与绩效管理和职业发展紧密结合，增强员工的学习动力。第四，建立动态的课程更新机制，确保培训内容与时俱进。

培训与发展是组织人力资源管理的重要组成部分，它不仅影响员工的能力和表现，还关系到组织的创新能力和长期竞争力。因此，组织需要将培训与发展视为战略性投资，建立系统化、持续性的培训与发展体系，为组织的可持续发展提供人才支持。

四、绩效管理与员工激励

绩效管理是一个系统化的过程，旨在通过设定目标、评估表现、提供反馈和制定改进计划来提高个人和组织的绩效。有效的绩效管理不仅能够提高员工的工作效率和质量，还能促进组织目标的实现。

绩效管理通常包括以下几个主要步骤：绩效计划、绩效执行、绩效评估和绩效反馈。在绩效计划阶段，管理者和员工共同设定绩效目标，确定评估标准。绩效执行阶段，管理者需要提供必要的支持和指导，同时进行持续的监控和沟通。绩效评估阶段，对员工的表现进行全面评估，包括定量和定性指标。绩效反馈阶段，管理者与员工就评估结果进行沟通，并制定改进计划。

员工激励是绩效管理的重要组成部分，它通过各种方式调动员工的积极性和创造性，促进组织目标的实现。有效的激励策略应该基于对员工需求的深入理解，并与组织文化和战略相一致。

激励方式可以分为物质激励和非物质激励。物质激励包括薪酬、奖金、福利等；非物质激励包括晋升机会、工作自主权、认可和表扬等。研究表明，虽然物质激励是必要的，但非物质激励对员工的长期动力和忠诚度可能有更持久的影响。

在实践中，组织可以采用多种方法来提高绩效管理和员工激励的效果。例如，采用360度反馈来提高评估的全面性；使用关键绩效指标（KPI）来量化绩效目标；实施弹性福利计划以满足不同员工的需求；建立员工认可计划来增强非物质激励等。

然而，绩效管理和员工激励也面临一些挑战。首先是如何平衡短期绩效和长期发展。过度关注短期指标可能导致员工忽视长期能力建设。其次是如何处理团队绩效和个人绩效的关系。在强调团队合作的同时，也需要认可个人贡献。再次是如何在保持公平的同时实现差异化管理。此外，在远程工作和灵活工作安排日益普遍的背景下，如何有效进行绩效管理也成为新的挑战。

为了应对这些挑战，组织可以采取以下措施：

第一，建立多维度的绩效评估体系，包括结果指标和过程指标、短期指标和长期指标。

第二，加强绩效沟通，增加管理者和员工之间的对话，确保目标一致和期望明确。

第三，培养管理者的绩效管理能力，包括目标设定、反馈技巧、辅导技能等。

第四，利用技术手段提高绩效管理的效率和客观性，如使用绩效管理软件、数据分析工具等。

第五，定期评估和优化激励制度，确保其持续有效性。

绩效管理和员工激励是人力资源管理中的关键环节，它们直接影响员工的工作表现和组织的整体绩效。有效的绩效管理和激励策略不仅能够提高组织的运营效率，还能增加员工的满意度和忠诚度，为组织的长期发展奠定基础。然而，这需要组织建立系统化、持续性的管理机制，并根据内外部环境的变化不断调整和优化。

人力资源管理的基本原则是一个动态改进的领域。随着经济形态的变化、技术的进步和工作方式的改变，这些原则也在不断调整和发展。例如，数字化转型正在深刻影响人力资源管理的各个方面，包括人力资源规划、招聘选拔、培训发展和绩效管理。大数据和人工智能技术为人力资源决策提供了新的工具和方法。同时，员工期望的变化也在推动人力资源管理实践的创新，如工作生活平衡、职业发展机会等因素日益受到重视。

第二节　员工绩效评估与激励机制

员工绩效评估与激励机制是人力资源管理中的关键环节，直接影响组织的整体绩效和员工的工作满意度。本节将从绩效评估模型与工具、激励理论的应用与效果、员工参与与组织承诺以及绩效反馈与持续改进四个方面，深入探讨员工绩效评估与激励机制的核心内容和最佳实践。

一、绩效评估模型与工具

绩效评估是一个系统性的过程，旨在评价员工在特定时期内的工作表现和成果。有效的绩效评估不仅能够帮助组织识别高绩效员工和需要改进的领域，还能为薪酬决策、晋升和培训发展提供依据。绩效评估模型可以分为以下几种类型：特征法、行为法、结果法和综合法。特征法评估员工的个人特质，如主动性、责任心等，这种方法简单易行，但可能存在主观性较强的问题。行为法评估员工的具体工作行为，常见的工具包括行为锚定评分量表（BARS）和行为观察量表（BOS），这种方法能够提供具体的行为反馈，但制定和使用较为复杂。结果法评估员工的工作成果，典型的工具包括目标管理法（MBO）和关键绩效指标（KPI），这种方法客观性较强，但可能忽视过程和行为。综合法结合上述几种方法，如360度反馈法，这种方法能够提供全面的评估，但实施成本较高。

在选择绩效评估模型时，需要考虑以下因素：评估的目的、组织文化和特点、工作性质、可操作性和成本。不同的评估目的可能需要不同的模型和工具。例如，如果主要目的是薪酬决策，可能更适合使用结果导向的方法；如果目的是员工发展，则可能需要更多行为导向的评估。评估模型应该与组织的文化和价值观相一致。例如，强调团队合作的组织可能需要在评估中加入团队绩效的指标。不同性质的工作可能需要不同的评估方法。例如，创意性工作可能更适合使用行为法或结果法，而非特征法。评估模型应该易于实施且成本合理。过于复杂的模型可能会增加管理难度和成本。

在实践中，常用的绩效评估工具包括：等级评定法、强制分布法、关键事件法、图尺度评定法、配对比较法、行为锚定评分量表（BARS）、目标管理法（MBO）和360度反馈。这些工具各有优缺点，组织需要根据自身情况选择合适的工具或组合使用多种工具。例如，可以将目标管理法与行为锚定评分量表结合使用，既关注结果又关注过程。

然而，绩效评估也面临一些挑战：评估偏差、评估标准的一致性、评估的时效性和评估结果的应用。常见的评估偏差包括中心倾向、晕轮效应、近因效应等，这些偏差可能导致评估结果不准确。不同评估者可能对同一标准有不同的理解，导致评估结果不一致。年度评估可能无法及时反映员工的表现变化。如何有效地将评估结果用于改善和发展，而不仅仅是奖惩，是许多组织面临的挑战。

为了应对这些挑战，组织可以采取以下措施：加强评估者培训，提高其评估能力和对偏差的认识；建立明确的评估标准和指标，减少主观性；引入持续性评估机制，如定期检测；加强评估结果的沟通和应用，确保评估能够促进改进和发展；利用技术手段，如绩效管理软件，提高评估的效率和客观性。

绩效评估模型和工具的选择和应用是一个复杂的过程，需要考虑组织的特点、文化和战略目标。有效的绩效评估不仅能够准确评价员工的表现，还能促进员工的发展和组织的整体绩效提升。因此，组织需要不断评估和优化其绩效评估体系，以适应内外部环境的变化。

二、激励理论的应用与效果

激励理论旨在解释什么因素驱动人们的行为，以及如何有效地激发员工的工作动力。在组织管理中，合理应用激励理论可以显著提高员工的工作积极性和组织的整体绩效。主要的激励理论包括需求层次理论、双因素理论、期望理论、公平理论等。

需求层次理论提出人类的需求分为五个层次：生理需求、安全需求、社交需求、尊重需求和自我实现需求。这一理论启示管理者应该根据员工的不同需求层次采取相应的激励措施。例如，处于较低需求层次的员工，可能更关注薪酬和工作安全性；而高层次需求的员工，可能更看重自主权和发展机会。

双因素理论将影响工作满意度的因素分为保健因素（如工作条件、薪酬等）和激励因素（如成就感、认可等）。这一理论指出，消除不满意因素并不等同于提供满意。管理者需要同时关注保健因素和激励因素，才能有效提高员工满意度和工作动力。

期望理论认为个体的行为动机取决于三个因素的乘积：期望（努力会导致良好表现的可能性）、工具性（良好表现会带来期望结果的可能性）和效价（结果对个体的重要性）。这一理论强调了明确目标、建立绩效与奖励之间清晰联系的重要性。

公平理论关注个体对自己的投入产出比与他人的比较。如果感到不公平，个体可能会调整努力程度或寻求其他方式恢复公平感。这一理论提醒管理者需要建立公平、透明的激励制度，避免不公平感导致的负面影响。

在实践中，激励理论的应用需要考虑以下几个方面：个体差异、激励的时效性和持续性、内在激励与外在激励的平衡、激励与组织文化的一致性以及激励的公平性和透明度。不同员工可能有不同的需求和动机，激励策略应该能够适应这种多样性。例如，可以提供弹性福利计划，允许员工根据自身需求选择福利项目。一次性的激励可能只能产生短期效果，持续的激励机制更有利于维持长期动力。例如，可以设置阶段性目标和奖励，保持员工的持续动力。虽然外在激励（如薪酬、奖金）容易操作，但内在激励（如工作意义感、自主权）往往能产生更持久的效果。管理者需要在两者之间找到平衡。激励机制应该与组织的价值观和文化相符，否则可能产生意想不到的负面效果。不公平或不透明的激励机制可能导致员工产生不满和士气低落。

在具体应用中，组织可以采用多种激励方式：物质激励、非物质激励、工作设计激励、参与式管理、职业发展规划和工作环境改善。物质激励包括薪酬、奖金、股权激励等。非物质激励如表彰、晋升机会、培训发展等。工作设计激励如工作丰富化、工作自主权等。参与式管理让员工参与决策，增加其归属感和责任感。职业发展规划为员工提供明确的职业发展路径。工作环境改善提供舒适、有利于工作的环境。

然而，激励理论的应用也面临一些挑战：激励效果的持续性问题、激励与个人价值观的冲突、激励的边际效用递减以及激励的意外后果。一些激励措施可能只能产生短期效果，如何保持长期激励效果是一个挑战。某些激励措施可能与个人价值观不符，从而失去效果或产生负面影响。随着激励的持续，其效果可能会逐渐减弱。某些激励措施可能导致非预期的行为，如过度竞争或短视行为。

激励理论的有效应用需要组织深入理解员工需求，结合组织特点和文化，设计科学、公平的激励机制。同时，还需要建立动态调整机制，以适应内外部环境的变化和员工需求的改进。只有这样，才能真正发挥激励的作用，提高员工满意度和组织绩效。

三、员工参与与组织承诺

员工参与与组织承诺是现代人力资源管理中的重要概念，它们直接影响员工的工作态度、行为以及组织的整体绩效。员工参与指员工在工作中投入的程度，包括身体、认知和情感的投入。组织承诺则指员工对组织的情感依附、认同和忠诚度。

员工参与的重要性体现在以下几个方面：高度参与的员工通常表现出更

高的工作热情和创造力，从而提高工作效率和质量；员工参与有助于提高员工满意度和保留率，降低招聘和培训成本；高参与度的员工更倾向于主动解决问题，提出改进建议，促进组织创新；员工参与可以改善组织氛围，促进团队协作和知识共享。

影响员工参与的因素包括：工作特征、领导风格、组织文化、工作资源和个人特质。工作的挑战性、自主性、意义感等特征会影响员工的参与程度。支持性和参与式的领导风格通常能促进员工参与。开放、信任的组织文化更有利于员工参与。必要的工具、信息和支持等工作资源也会影响员工参与。个人的主动性、自我效能感等特质同样会影响参与程度。

组织承诺同样对组织绩效有重要影响。高组织承诺的员工通常表现出：更低的离职倾向，有助于保持组织的稳定性；更高的工作努力程度，愿意为组织付出额外努力；更强的组织公民行为，如自愿帮助同事、维护组织声誉等；更好的工作绩效，特别是在需要自主判断的任务中。

组织承诺可以分为三种类型：情感承诺、持续承诺和规范承诺。情感承诺是基于情感依附和认同的承诺。持续承诺是基于离开组织的成本考虑的承诺。规范承诺是基于责任感和义务感的承诺。其中，情感承诺通常被认为是最理想的承诺类型，因为它与积极的工作态度和行为有最强的关联。

影响组织承诺的因素包括：工作体验、组织公平感、个人特征、组织特征和职业机会。工作满意度、组织支持感知等工作体验会影响组织承诺。分配公平、程序公平和互动公平等组织公平感也是重要影响因素。年龄、教育背景、个性等个人特征会影响组织承诺。组织文化、组织结构等组织特征同样重要。组织内的职业发展机会也会影响员工的组织承诺。

为了提高员工参与度和组织承诺，组织可以采取以下措施：

（1）工作设计：增加工作的挑战性、自主性和意义感，如工作丰富化、工作赋权等。

（2）领导力发展：培养支持性和参与式的领导风格，提高领导者的沟通和辅导能力。

（3）组织文化建设：培养开放、信任、创新的组织文化，鼓励员工参与和表达意见。

（4）职业发展：提供清晰的职业发展路径和机会，支持员工的个人成长。

（5）沟通机制：建立有效的双向沟通渠道，确保员工的声音能够被听到和重视。

（6）认可和奖励：建立公平、透明的认可和奖励机制，肯定员工的贡献。

（7）工作生活平衡：关注员工的整体福祉，提供灵活的工作安排和支持性的福利政策。

（8）参与决策：在适当的范围内让员工参与决策过程，增强其对组织的归属感。

（9）信息共享：保持组织信息的透明度，让员工了解组织的目标、战略和进展。

（10）培训发展：提供持续的学习和发展机会，帮助员工提升技能和能力。

员工参与和组织承诺是影响组织绩效的关键因素。通过有效的管理策略和实践，组织可以提高员工参与度和承诺水平，从而提升整体绩效和竞争力。然而，这需要组织的持续努力和关注，以适应不断变化的工作环境和员工需求。

四、绩效反馈与持续改进

绩效反馈是绩效管理过程中的关键环节，它通过提供及时、具体的信息，帮助员工了解自己的工作表现，并指导未来的改进方向。有效的绩效反馈不仅能提高员工的工作效率，还能促进组织的持续改进和学习。在实践中，常用的绩效反馈方法包括：

（1）定期绩效面谈：通常是年度或半年度的正式绩效评估和反馈会议。

（2）持续反馈：通过日常的非正式交流提供即时反馈。

（3）360 度反馈：从多个角度（上级、同事、下属、客户等）收集反馈。

（4）书面反馈：通过电子邮件、绩效报告等书面形式提供反馈。

（5）自我评估：鼓励员工进行自我反思和评估。

持续改进是绩效管理的终极目标，它强调通过不断的学习和调整来提高个人和组织的绩效。持续改进的理念源于全面质量管理，但现在已广泛应用于人力资源管理领域。

绩效反馈和持续改进是提升组织绩效的关键机制。通过建立有效的反馈机制和培养持续改进的文化，组织可以不断提高员工的能力和绩效，增强组织的适应性和竞争力。这需要组织在制度设计、文化建设和日常管理等多个方面做出系统性的努力。

员工绩效评估与激励机制是一个复杂而动态的系统，它涉及多个相互关联的方面。有效的绩效评估不仅需要科学的模型和工具，还需要公平、透明的实施过程。激励机制则需要深入理解员工需求，平衡内在和外在激励。员工参与和组织承诺的提升要求组织创造有利的工作环境和文化氛围。而绩效反馈和持续改进则是确保整个系统不断优化的关键机制。

在实践中，这些方面需要系统性地整合和协调。例如，绩效评估的结果应该与激励机制紧密结合，而不是孤立存在。员工参与应该贯穿于整个绩效管理过程，而不仅仅是在评估阶段。反馈和改进则应该成为日常管理的一部分，而不是年度评估的附加项。

此外，随着工作性质和员工期望的变化，绩效评估与激励机制也需要不断改进。例如，远程工作的普及要求组织重新思考如何评估和激励虚拟团队。知识型工作的增加则要求更多地关注创新和学习，而不仅仅是短期业绩。

有效的员工绩效评估与激励机制是组织实现战略目标、提升竞争力的关键。它需要组织的持续关注和投入，只有将其视为一个动态、系统的过程，并与组织的整体战略和文化紧密结合，才能真正发挥其应有的作用，推动组织和个人的共同发展。

第三节　劳动力市场与经济发展的关系

劳动力市场作为生产要素市场的重要组成部分，在经济发展中扮演着关键角色。本节将从劳动力市场结构与动态、劳动力供需与经济发展、劳动力流动性与经济效率以及劳动力市场政策与经济发展四个方面，深入探讨劳动力市场与经济发展之间的复杂关系。

一、劳动力市场结构与动态

劳动力市场结构是指劳动力市场的组成要素及其相互关系，包括劳动力供给方、需求方以及中介机构等。劳动力市场的动态则反映了这些要素随时变化的特征。理解劳动力市场的结构和动态对于分析其与经济发展的关系至关重要。

劳动力市场结构可以从多个维度进行分析：行业维度、技能维度、地域维度以及正规与非正规就业维度。不同行业对劳动力的需求在数量和质量上存在差异。例如，制造业、服务业和知识密集型产业对劳动力的要求各不相同。经济发展过程中，产业结构的变迁会直接影响劳动力市场的结构。劳动力市场可以根据技能水平划分为高技能、中等技能和低技能市场。技能结构的变化反映了经济发展的质量和方向。随着经济发展，对高技能劳动力的需求通常会增加。劳动力市场存在地域分割，不同地区的劳动力供需状况可能存在显著差异。这种地域差异既是经济发展不平衡的结果，也可能影响未来的经济发展轨迹。正规就业通常指有稳定合同、享受社会保障的就业形式，而非正规就业则缺乏这些特征。非正规就业在许多发展中国家占据重要地位，其规模和变化趋势反映了经济发展的特征。

劳动力市场的动态特征主要体现在就业结构的变化、技能需求的改进、就业形式的多样化、劳动力市场的分化以及劳动力供给特征的变化等方面。随着经济发展，就业结构会发生变化。例如，从农业为主向工业和服务业转移，或者从劳动密集型向知识密集型转变。技术进步和产业升级会改变对劳动力技能的需求。某些技能可能变得过时，而新的技能需求不断出现。除传统的全职雇佣外，兼职、临时工、自由职业等灵活就业形式日益普遍。可能出现劳动力市场的二元化或分割，如正规部门与非正规部门、高薪酬与低薪酬部门的分化。人口结构变化、教育水平提高、女性劳动参与率变化等因素会影响劳动力供给的特征。

劳动力市场结构和动态与经济发展之间存在密切关系。一方面，经济发展水平和方向决定了劳动力市场的基本结构和变化趋势。例如，经济增长会创造就业机会，产业升级会改变技能需求。另一方面，劳动力市场的结构和动态也会影响经济发展的质量和可持续性。例如，劳动力市场的灵活性和效率会影响资源配置效率，进而影响经济增长潜力。

然而，劳动力市场结构和动态也面临一些挑战：结构性失衡问题、技能错配问题、劳动力市场分割问题以及非正规就业问题。某些行业或地区可能同时存在就业岗位空缺和失业问题，反映了劳动力供需在结构上的不匹配。教育培训体系可能无法及时响应劳动力市场需求的变化，导致劳动力技能与岗位要求不匹配。由于制度、地域等因素，劳动力市场可能被分割成多个相对独立的子市场，影响资源配置效率。大规模的非正规就业可能影响劳动生产率和社会保障体系的可持续性。

劳动力市场结构和动态是经济发展的重要指标和影响因素。深入理解劳动力市场的特征及其变化趋势，对于制定有效的经济政策、促进经济可持续发展具有重要意义。

二、劳动力供需与经济发展

劳动力供需关系是劳动力市场的核心，它直接影响就业水平、工资水平以及整体经济表现。理解劳动力供需与经济发展的关系，对于解释经济增长、收入分配、通货膨胀等宏观经济现象具有重要意义。

劳动力供给主要受以下因素影响：人口因素、教育培训和社会文化因素、经济因素以及制度因素。人口因素包括人口总量、年龄结构、性别比例等。人口结构的变化会直接影响劳动力供给。教育水平的提高通常会影响劳动参与率和劳动力质量。女性劳动参与、退休年龄等社会观念会影响劳动力供给。工资水平、就业机会等经济因素会影响个体的劳动决策。社会保障制度、劳动法规等制度因素会影响劳动力市场参与。

劳动力需求则主要受以下因素影响：经济增长、产业结构、技术进步、劳动成本以及市场需求。经济增长通常会带来劳动力需求的增加。不同产业对劳动力的需求存在差异，产业结构的变化会影响总体劳动力需求。技术变革可能增加对某些技能的需求，同时减少对其他技能的需求。劳动成本包括工资和非工资成本，会影响企业的用工决策。最终产品或服务的市场需求会传导至劳动力需求。

劳动力供需与经济发展之间存在复杂的相互作用关系。首先，经济发展水平和结构决定了劳动力需求的基本特征。经济增长通常会创造就业机会，增加劳动力需求。同时，经济发展过程中的产业结构变迁会改变对不同类型劳动力的需求。其次，劳动力供给的数量和质量影响经济发展潜力。充足的劳动力供给是经济增长的基本条件之一。而劳动力素质的提高则可以通过提高生产效率来促进经济增长。再次，劳动力市场的供需平衡状况影响宏观经济表现。失业率是重要的宏观经济指标，它反映了劳动力供需的匹配程度。高失业率不仅造成资源浪费，还可能引发社会问题。最后，工资水平作为劳动力供需平衡的结果，既是收入分配的重要因素，也会影响生产成本和造成通货膨胀。

然而，劳动力供需与经济发展的关系也面临一些挑战：结构性失衡、技术失业、人口老龄化、劳动力市场分割以及技能偏向型技术进步。经济结构快速变化可能导致劳动力供需在技能、行业或地域上的错配。技术进步可能导致某些工作岗位消失，造成短期的结构性失业。在许多国家，人口老龄化导致劳动力供给增长放缓，可能制约经济增长。劳动力市场的分割可能导致供需无法有效匹配，影响资源配置效率。技能偏向型技术进步可能加剧收入不平等，影响经济发展的包容性。

劳动力供需与经济发展之间存在紧密而复杂的关系。理解和把握这种关系，对于制定有效的经济政策、促进经济可持续发展具有重要意义。政策制定者需要综合考虑短期和长期因素，平衡效率和公平，以确保劳动力市场的良性发展和经济的持续增长。

三、劳动力流动性与经济效率

劳动力流动性是指劳动者在不同职业、行业、企业或地域之间转换的能力和频率。高劳动力流动性通常被认为能够提高资源配置效率，促进经济增长。然而，过高的流动性也可能带来一些负面影响。理解劳动力流动性与经济效率的关系对于优化劳动力市场政策具有重要意义。

劳动力流动性可以从多个维度分析：职业流动性、行业流动性、企业间流动性以及地域流动性。职业流动性指劳动者在不同职业间的转换；行业流动性指劳动者在不同行业间的流动；企业间流动性指劳动者在不同企业间的转换；地域流动性指劳动者在不同地理区域间的迁移。

劳动力流动性对经济效率的影响主要体现在以下几个方面：首先，劳动力流动性有助于优化资源配置。通过劳动力的自由流动，可以实现劳动力从低生产率部门向高生产率部门的转移，提高整体经济效率。其次，劳动力流动性促进知识和技能的传播。劳动者在不同企业或行业间的流动可以促进知识和经验的交流，推动创新和生产率提升。再次，劳动力流动性有助于调节劳动力市场供需。流动性使得劳动力能够更快地响应市场需求变化，减少结构性失业。最后，劳动力流动性可以促进工资水平的均衡。劳动力的自由流动有助于消除不同地区或行业间的工资差异，提高市场效率。

然而，过高的劳动力流动性也可能带来一些负面影响：人力资本投资减少、组织效率降低、社会成本增加以及专业化程度降低。如果员工频繁流动，企业可能减少对员工的培训投入。高流动性可能导致团队不稳定，影响组织效率。频繁的地域流动可能带来社会问题，如城市拥挤、家庭分离等。过于频繁的职业转换可能不利于专业技能的深化。

影响劳动力流动性的因素包括：制度因素、经济因素、个人因素、信息因素以及文化因素。制度因素如户籍制度、社会保障制度、劳动合同制度等会影响劳动力流动。经济因素如地区间经济发展水平差异、行业间工资差异等会影响流动决策。个人因素如年龄、教育水平、风险偏好等会影响个体的流动倾向。信息因素如劳动力市场信息的可获得性和对称性会影响流动决策。文化因素如对流动性的社会认知、家庭观念等也会影响劳动力流动。

为了优化劳动力流动性，促进经济效率，可以采取以下措施：消除制度壁垒、完善社会保障体系、加强职业培训、改善信息服务、提供流动支持以及平衡区域发展。改革限制劳动力流动的制度，如放宽户籍限制。建立可转移的社会保障权益，降低流动成本。提高劳动者的技能适应性，增强职业转换能力。建立健全的劳动力市场信息系统，减少信息不对称。提供住房补贴、子女教育支持等，降低流动障碍。通过区域协调发展政策，减少地区间发展差距，优化劳动力空间分布。

适度的劳动力流动性对于提高经济效率、促进创新和平衡发展具有重要作用。然而，政策制定者需要权衡流动性带来的收益和成本，设计合理的制度安排，以实现劳动力市场的高效运转和经济的可持续发展。

四、劳动力市场政策与经济发展

劳动力市场政策是政府为了调节劳动力市场运行、提高就业水平和劳动生产率而采取的一系列措施。这些政策直接影响劳动力市场的结构和动态，进而影响整体经济发展。理解劳动力市场政策与经济发展的关系，对于制定有效的经济政策具有重要意义。

劳动力市场政策通常可以分为积极劳动力市场政策和消极劳动力市场政策两大类。积极劳动力市场政策旨在提高劳动力的就业能力和就业机会，主要包括职业培训、就业服务、就业补贴、创业支持等措施。消极劳动力市场政策主要指失业保险等社会保障措施，旨在为失业者提供基本生活保障。

积极劳动力市场政策对经济发展的影响主要体现在以下几个方面：

首先，职业培训政策可以提高劳动力的技能水平和适应性，减少结构性失业，提高劳动生产率。这不仅有助于提高就业率，还能促进经济增长和产业升级。

其次，就业服务政策可以减少信息不对称，提高劳动力市场的匹配效率。通过提供就业信息、职业咨询等服务，可以降低求职成本，提高资源配置效率。

再次，就业补贴政策可以刺激企业增加就业岗位，特别是对于特定群体（如长期失业者、青年人等）的就业有促进作用。这有助于提高就业率，减少社会问题。

最后，创业支持政策可以促进新企业的创立，创造就业机会，推动经济结构的优化。这对于培育新的经济增长点、提高经济活力具有重要意义。

消极劳动力市场政策，尤其是失业保险制度，对经济发展的影响则比较复杂。一方面，失业保险为失业者提供基本生活保障，可以维护社会稳定，给予失业者寻找合适工作的时间，提高匹配效率。这有助于保持社会和谐，维持人力资本。另一方面，过高的失业保险可能降低求职积极性，甚至形成福利依赖。这可能导致劳动力资源的浪费，增加财政负担。

劳动力市场政策是连接微观劳动力市场和宏观经济发展的重要纽带。有效的劳动力市场政策不仅能够改善就业状况，还能促进经济增长、推动结构优化、促进社会公平。然而，政策的制定和实施需要深入理解劳动力市场的运行机制，准确把握经济发展趋势，并在多重目标中寻找平衡。只有这样，才能真正发挥劳动力市场政策在促进经济发展中的积极作用。

劳动力市场与经济发展之间的关系是复杂而动态化的。劳动力市场的结构和动态、供需关系、流动性以及相关政策都与经济发展密切相关。理解这些关系对于制定有效的经济政策、促进可持续发展具有重要意义。

总之，劳动力市场与经济发展的关系研究是一个持续改进的领域。只有深入理解这种关系，并根据不断变化的环境调整政策，才能真正实现劳动力资源的有效利用和经济的可持续发展。

第四节　教育与培训在促进经济发展中的作用

教育与培训作为人力资本积累的主要途径，在促进经济发展中发挥着关键作用。本节将从教育投资与人力资本积累、职业教育与技能发展、终身学习与知识更新以及教育政策与经济发展的协同四个方面，深入探讨教育与培训对经济发展的影响机制。

一、教育投资与人力资本积累

教育投资是指个人、家庭和社会为获取知识和技能而进行的资源投入。

这种投资通过提高个体的生产能力和创新潜力，推动人力资本的积累，进而促进经济增长和社会发展。人力资本理论认为，教育投资能够提高劳动力的质量，是经济增长的重要源泉之一。

教育投资对人力资本积累的影响主要体现在以下几个方面：

首先，教育投资提高了个体的知识水平和认知能力。通过系统的学习，个体能够掌握基础知识和专业技能，提高分析问题和解决问题的能力。这种能力的提升直接转化为生产力的提高，有助于提高劳动生产率。

其次，教育投资培养了个体的创新能力。高质量的教育不仅传授知识，还培养批判性思维和创造性思考能力。这种能力对于技术创新和管理创新至关重要，是推动经济发展的关键动力。

再次，教育投资促进了社会资本的形成。在教育过程中，个体不仅获得知识和技能，还建立社交网络，学习沟通合作的能力。这种社会资本有助于提高组织效率，促进知识传播和创新扩散。

最后，教育投资有助于形成积极的社会价值观和职业道德。良好的教育能够培养个体的责任感、诚信意识和职业操守，这些软实力对于提高经济活动的效率和可持续性具有重要意义。

教育投资对经济发展的影响是多层次的：

（1）在微观层面，教育投资提高了个体的收入水平和就业能力。研究表明，教育年限与个人收入存在正相关关系。同时，受教育程度较高的个体通常具有更强的就业适应性和职业发展潜力。

（2）在中观层面，教育投资推动了产业结构的优化升级。随着教育水平的提高，劳动力能够从事更加复杂和技能密集型的工作，促进产业向高附加值方向发展。同时，高素质人才的供给也为新兴产业的发展提供了人力资源支持。

（3）在宏观层面，教育投资通过提高全要素生产率，促进了经济的长期增长。教育不仅直接提高了劳动力的质量，还通过促进技术进步和制度创新，间接促进了经济增长。

教育投资是人力资本积累的关键途径，对经济发展具有深远影响。然而，要充分发挥教育投资的作用，需要在数量和质量、效率和公平之间找到平衡，并根据经济社会发展的需要不断调整教育投资策略。

二、职业教育与技能发展

职业教育是指为适应特定职业或工作岗位的要求而进行的教育和培训。它在促进技能发展、提高劳动力市场匹配度和推动经济发展中发挥着重要作用。职业教育的特点在于其实用性和针对性，直接服务于劳动力市场的需求。

职业教育对技能发展的影响主要体现在：首先，职业教育提供了专业技能训练。通过理论学习和实践操作相结合的方式，学习者能够掌握特定职业所需的专业知识和操作技能。这种技能的获得直接提高了个体的就业能力和工作效率。其次，职业教育培养了职业素养。除了专业技能，职业教育还注重培养学习者的职业道德、团队合作能力、问题解决能力等软技能。这些素质对于职业发展和组织效率的提高同样重要。再次，职业教育促进了技能的更新和升级。面对技术变革和产业升级，职业教育能够及时调整培训内容，帮助劳动者适应新的技能要求。这种持续的技能更新对于维持劳动力市场的活力至关重要。最后，职业教育为创业提供了技能支持。通过职业教育，个体不仅掌握了专业技能，还学习了基本的经营管理知识，为自主创业奠定了基础。

职业教育对经济发展的影响是多方面的。

（1）在就业方面，职业教育提高了劳动力的就业能力和就业质量。通过提供与市场需求相匹配的技能培训，职业教育能够有效减少结构性失业，提高就业率。

（2）在生产效率方面，职业教育通过提高劳动者的技能水平，直接作用于劳动生产率的提升。这不仅提高了企业的竞争力，还推动了整体经济效率的提高。

（3）在产业发展方面，职业教育为产业升级和新兴产业发展提供了人才支持。通过培养适应新技术、新工艺的技能型人才，职业教育促进了产业结构的优化。

（4）在创新方面，高质量的职业教育培养了具有创新能力的技能型人才。这些人才在技术创新、工艺改进等方面发挥着重要作用，推动了经济的创新驱动发展。

职业教育在促进技能发展和经济增长中具有不可替代的作用。通过提供与市场需求相匹配的技能培训，职业教育不仅提高了劳动力的质量，还推动了产业升级和创新发展。然而，要充分发挥职业教育的作用，需要政府、企业和教育机构的共同努力，构建适应经济发展需要的现代职业教育体系。

三、终身学习与知识更新

终身学习是指个体在整个生命周期中持续学习和发展的过程。在知识经济时代，知识更新速度加快，终身学习成为个人发展和经济增长的重要驱动力。终身学习不仅包括正规教育，还包括非正规教育和自主学习，强调学习的持续性和多样性。

终身学习对知识更新的影响主要体现在以下几个方面：

首先，终身学习能够帮助个体始终跟上技术进步和知识更新。在快速变化的环境中，个体通过持续学习可以掌握新知识、新技能，保持职业竞争力。

其次，终身学习培养了个体的学习能力和适应能力。通过持续学习，个体不仅获得了新知识，还提高了自主学习的能力和对新事物的适应能力。这种能力在面对未来不确定性时尤为重要。

再次，终身学习促进了跨领域知识的融合和创新。通过接触不同领域的知识，个体能够形成跨学科的视野，促进知识的融合创新。这种创新对于解决复杂问题和推动技术进步具有重要意义。

最后，终身学习有助于形成学习型社会。当终身学习成为社会普遍价值观时，整个社会的创新活力和适应能力都将得到提升。

终身学习对经济发展的影响是多层次的。

（1）在个人层面，终身学习提高了个体的职业适应性和发展潜力。通过持续学习，个体能够在职业生涯中保持竞争力，实现职业转型和晋升。

（2）在组织层面，终身学习促进了组织的学习和创新。鼓励员工持续学习的组织通常具有更强的创新能力和适应能力，能够在市场竞争中保持优势。

（3）在社会层面，终身学习有助于人力资本的持续积累和更新。这种动态的人力资本积累过程是经济持续增长和社会进步的重要基础。

（4）在经济层面，终身学习推动了知识经济的发展。通过促进知识的创造、传播和应用，终身学习加速了知识经济的发展进程，推动了经济增长方式的转变。

终身学习是知识经济时代个人发展和经济增长的重要驱动力。通过促进知识的持续更新和创新，终身学习不仅提高了个体的适应能力和创新潜力，还推动了整个社会的进步和经济的可持续发展。然而，要真正实现终身学习的理念，需要个人、组织和社会的共同努力，创造有利于持续学习和创新的环境。

四、教育政策与经济发展的协同

教育政策作为国家或地区教育发展的指导方针，对经济发展具有深远影响。有效的教育政策能够促进人力资本积累、推动技术创新、优化产业结构，从而促进经济的可持续发展。教育政策与经济发展的协同，是实现教育与经济良性互动的关键。

教育政策对经济发展的影响主要体现在以下几个方面：

首先，教育政策影响人力资本的积累速度和质量。通过制定义务教育、高等教育扩招、职业教育发展等政策，可以提高教育普及率，提升劳动力的整体素质。这直接有助于人力资本基础的经济增长。

其次，教育政策引导教育资源的配置。通过调整学科结构、优化专业设置、加强产教融合等政策，可以使教育资源更好地适应经济发展需求，提高人才供给与市场需求的匹配度。

再次，教育政策影响创新体系的构建。通过加强基础研究、推动产学研合作、培养创新人才等政策，可以增强国家或地区的创新能力，为经济发展提供持续动力。

最后，教育政策有助于社会公平和区域平衡发展。通过教育公平政策、区域教育协调发展政策等，可以减少教育不平等，促进社会流动，实现更加包容的经济增长。

教育政策与经济发展的协同主要表现在以下几个方面：

（1）政策目标的一致性：教育政策的制定需要考虑经济发展的需求，而经济发展规划也应该将教育发展作为重要内容。两者目标的一致性是实现协同发展的基础。

（2）资源配置的协调性：教育资源的配置应该与经济发展的重点领域和区域相协调，以提高教育投入的经济效益。

（3）时间维度的匹配性：教育政策的效果通常具有滞后性，因此在制定政策时需要考虑经济发展的长期趋势和未来需求。

（4）制度环境的互补性：教育政策和经济政策需要在制度层面形成互补，如产教融合政策、人才流动政策等，以创造有利于知识传播和创新的环境。

教育政策与经济发展的协同是一个复杂的系统工程，需要从战略高度认识教育对经济发展的重要性，在政策制定和实施过程中注重两者的互动关系。只有实现教育政策与经济发展的有效协同，才能充分发挥教育在促进经济增长、推动社会进步中的关键作用。

教育与培训在促进经济发展中的作用是多方面的，涉及人力资本积累、技能发展、知识更新和政策协同等多个层面。通过教育投资推动人力资本积累，通过职业教育提升技能发展，通过终身学习实现知识更新，通过教育政策与经济发展的协同优化资源配置，这些都是教育与培训促进经济发展的重要途径。

然而，教育与培训推动经济发展的过程也面临诸多挑战。如何平衡教育的普及性和质量、如何应对技术变革对技能需求的影响、如何促成终身学习文化的形成、如何实现教育政策与经济政策的有效协调等，都是需要深入研究和探索的问题。

同时，全球化背景下的教育与经济互动也值得关注。国际教育合作、跨国人才流动、全球化课程等现象，都将对各国的教育体系和经济发展产生深远影响。如何在全球竞争中通过教育培养具有国际视野和竞争力的人才，是各国面临的共同挑战。

总之，教育与培训是经济发展的基础和动力。只有充分认识教育与培训的重要性，不断完善教育体系，优化培训方式，才能为经济的可持续发展提供持久的人才支撑和创新动力。这需要政府、教育机构、企业和个人的共同努力，创造有利于教育与经济协同发展的社会环境。

第五章　财务管理与经济发展

第一节　财务报表分析与企业价值评估

财务报表分析与企业价值评估是财务管理的核心内容，也是评价企业经营状况、预测未来发展前景的重要工具。本节将从财务报表的结构与解读、财务比率分析与企业绩效、企业价值评估模型与方法以及财务分析在投资决策中的应用四个方面，深入探讨财务报表分析与企业价值评估的理论与实践。

一、财务报表的结构与解读

财务报表是反映企业财务状况、经营成果和现金流量的书面文件，主要包括资产负债表、利润表和现金流量表。理解财务报表的结构并正确解读其内容，是进行财务分析和企业价值评估的基础。

资产负债表反映企业在某一特定时点的财务状况，包括资产、负债和所有者权益三个主要部分。资产部分通常按照流动性排列，分为流动资产、非流动资产等；负债部分则分为流动负债和非流动负债；所有者权益部分包括实收资本、资本公积、盈余公积和未分配利润等。资产负债表的基本等式是：资产=负债+所有者权益。利润表反映企业在一定会计期间的经营成果，主要包括收入、费用和利润三个部分。利润表的结构通常采用多步式，依次列示营业收入、营业成本、营业利润、利润总额和净利润。利润表能够反映企业的盈利能力和经营效率。现金流量表反映企业在一定会计期间的现金流入和流出情况，通常分为经营活动、投资活动和筹资活动三个部分。现金流量表能够提供企业现金管理和偿债能力的重要信息，是评估企业财务健康状况的关键工具。

在解读财务报表时，需要注意以下几个方面：首先，要关注财务报表的编制基础和会计政策。不同的会计准则和会计政策可能导致财务数据的差异，因此在进行比较分析时需要确保数据的可比性。其次，要注意财务报表项目之间的钩稽关系。例如，利润表中的净利润应当与资产负债表中未分配利润的变动相一致；现金流量表中的现金净增加额应当与资产负债表中货币资金的变动相吻合。再次，要关注财务报表附注中的重要信息。附注中通常包含了对主要会计政策、重要会计估计或事项等的说明，这些信息对于全面理解企业财务状况至关重要。最后，要注意财务报表数据的时间序列变化和同行业比较。通过纵向和横向的比较分析，可以更好地评估企业的发展趋势和竞争地位。

在解读财务报表时，还需要注意一些潜在的问题：盈余管理、资产负债表外融资、会计估计的主观性以及非经常性项目的影响。企业可能通过合法或不合法的手段调节利润，影响财务报表的真实性。某些融资方式可能不会在资产负债表中直接反映，需要特别关注。某些会计项目如折旧、坏账准备等涉及主观判断，可能影响财务数据的可比性。一次性或非经常性的收益或损失可能显著影响企业的经营业绩，需要区别对待。

财务报表的结构与解读是财务分析的基础工作。只有正确理解财务报表的内容和含义，才能进行有效的财务比率分析和企业价值评估。同时，财务报表分析也是一个需要分析者不断积累经验和洞察力的过程，需要具备扎实的会计知识和敏锐的商业洞察力。

二、财务比率分析与企业绩效

财务比率分析是通过计算和比较财务报表中各项目之间的比例关系，评估企业财务状况和经营成果的方法。财务比率分析能够提供企业绩效的多维度评价，是衡量企业经营效率、盈利能力、偿债能力和发展潜力的重要工具。

财务比率通常可以分为以下几类：盈利能力比率、营运能力比率、偿债能力比率、发展能力比率和市场价值比率。盈利能力比率反映企业获取利润的能力，包括毛利率、净利率、资产收益率（ROA）、股东权益收益率（ROE）等。营运能力比率反映企业资产使用效率，包括应收账款周转率、存货周转率、总资产周转率等。偿债能力比率反映企业偿还债务的能力，包括流动比率、速动比率、资产负债率等。发展能力比率反映企业的成长性，包括销售增长率、净利润增长率、总资产增长率等。市场价值比率反映企业的市场表现，包括市盈率（P/E）、市净率（P/B）、每股收益（EPS）等。

在进行财务比率分析时，通常采用以下几种比较方法：历史比较法、行业比较法、目标比较法和横向比较法。历史比较法将企业当前的财务比率与历史数据进行比较，分析企业绩效的变化趋势。行业比较法将企业的财务比率与同行业平均水平或标杆企业进行比较，评估企业在行业中的相对地位。目标比较法将企业的实际财务比率与预定目标进行比较，评估企业目标完成情况。横向比较法比较企业不同财务比率之间的关系，全面评估企业的财务状况。

财务比率分析能够从多个角度评估企业绩效：首先，盈利能力比率反映了企业创造利润的能力。高盈利能力通常表明企业具有较强的竞争优势和良好的发展前景。然而，需要注意的是，过高的盈利能力可能意味着企业面临潜在的竞争威胁。其次，营运能力比率反映了企业的经营效率。较高的资产周转率通常表明企业能够有效利用资产创造收益。但是，过高的周转率也可能意味着企业资产规模不足。再次，偿债能力比率反映了企业的财务风险。较高的偿债能力表明企业具有较强的短期和长期债务偿还能力，财务状况较为稳健。但是，过高的偿债能力也可能意味着企业资金利用效率不高。最后，发展能力比率和市场价值比率反映了企业的成长性和市场认可度。高增长率和较好的市场表现通常表明企业具有良好的发展前景。但是，需要注意增长的可持续性和市场估值的合理性。

在使用财务比率分析企业绩效时，需要注意以下几点：综合评价、行业特性、时间趋势、数据质量和非财务因素。单一比率可能无法全面反映企业状况，需要综合考虑多个比率。不同行业的财务特征可能存在显著差异，比较分析时需要考虑行业因素，关注财务比率的变化趋势，而不仅仅是某一时点的静态数据。财务比率的准确性依赖于原始财务数据的质量，需要考虑数据的可靠性。某些重要信息可能无法通过财务比率反映，需要结合非财务信息进行分析。

财务比率分析是评估企业绩效的有力工具，能够提供企业财务状况和经营成果的多维度评价。然而，财务比率分析也存在一定局限性，需要结合其他分析方法和非财务信息，才能对企业绩效做出全面、准确的评估。

三、企业价值评估模型与方法

企业价值评估是确定企业整体价值或股权价值的过程，是企业并购、投资决策、股权激励等活动的重要基础。企业价值评估模型和方法众多，主要可以分为以下几类：资产基础法、市场法、收益法和期权定价法。

资产基础法基于企业资产负债表，通过评估企业各项资产和负债的公允价值，得出企业净资产价值。这种方法相对简单直观，但难以反映企业的未来盈利能力和无形资产价值。市场法通过比较类似企业或交易的市场价格，估算目标企业的价值。常用的市场法包括市盈率法、市净率法、市销率法等。市场法操作相对简便，但受市场波动影响较大，且难以找到完全可比的参照对象。收益法基于企业未来现金流的预测，将预期现金流折现到评估基准日，得出企业价值。常用的收益法包括股利贴现模型（DDM）和自由现金流贴现（DCF）模型。收益法能够较好地反映企业的未来盈利能力，但对未来现金流的预测和折现率的确定具有较大的主观性。期权定价法将企业价值看作一系列实物期权的组合，使用期权定价模型进行估值。这种方法适用于高度不确定性和灵活性较强的企业或项目，但模型较为复杂，参数估计困难。

在这些方法中，自由现金流贴现模型是最为广泛使用的企业价值评估方法之一。DCF模型的基本思想是，企业的价值等于其未来产生的所有自由现金流的现值总和。DCF 模型的主要步骤包括：预测未来自由现金流、确定折现率、计算终值、折现求和以及调整非经营性资产和负债。

DCF 模型的优点在于它直接基于企业未来创造现金的能力进行估值，能够较好地反映企业的内在价值。然而，DCF 模型也存在一些局限性：预测的不确定性、折现率的敏感性、终值的影响以及忽视了管理的灵活性。对未来现金流的预测存在较大不确定性，特别是对于成长期或周期性行业的企业。企业价值对折现率的变化非常敏感，而折现率的确定往往具有主观性。终值通常占企业价值的很大比重，而终值的计算高度依赖于假设。DCF 模型假设企业按照预定计划经营，忽视了管理层应对市场变化的灵活性。

为了克服这些局限性，在实际应用中通常会采用多种评估方法相结合的方式，如 DCF 模型结合市场法，或者通过情景分析、敏感性分析等方法来考虑不确定性的影响。此外，随着经济形态的变化，一些新的价值评估方法也在不断发展，如知识资本评估法、客户价值评估法等，这些方法试图发掘传统财务指标难以反映的无形资产价值。

企业价值评估是一个复杂的过程，需要综合考虑企业的历史表现、未来前景、行业特征、宏观环境等多方面因素。选择适当的评估模型和方法，并合理使用，是准确评估企业价值的关键。

四、财务分析在投资决策中的应用

财务分析是投资决策的重要基础，它通过对企业财务状况、经营成果和现金流量的系统分析，为投资者提供做出明智决策所需的信息。财务分析在投资决策中的应用主要体现在以下几个方面：企业经营状况评估、投资价值评估、风险评估和投资组合管理。

企业经营状况评估是通过分析企业的盈利能力、营运能力、偿债能力和发展能力等，投资者可以全面了解企业的经营状况和财务健康程度。这有助于判断企业的投资价值和潜在风险。投资价值评估是结合财务分析和企业价值评估模型，投资者可以估算企业的内在价值，并将其与市场价格进行比较，判断投资的吸引力。风险评估可以帮助识别企业面临的财务风险、经营风险和市场风险，为投资者的风险管理提供依据。投资组合管理是通过对多个投资标的进行财务分析，投资者可以构建和优化投资组合，实现风险分散和收益最大化。

在具体应用中，财务分析通常包括以下步骤：

第一，收集和整理财务数据。这包括获取企业的财务报表、行业数据和宏观经济数据等。数据的准确性和完整性对分析结果至关重要。

第二，进行定量分析。这包括计算各种财务比率，如盈利能力比率、偿债能力比率等，并与历史数据、行业平均水平进行比较。同时，也包括对企业的现金流量、资本结构等进行分析。

第三，进行定性分析。这包括评估企业的竞争优势、管理团队质量、公司治理状况等非财务因素。这些因素虽然难以量化，但对企业的长期发展至关重要。

第四，综合分析并形成投资决策。结合定量和定性分析的结果，评估企业的投资价值和风险，做出投资决策。

财务分析在不同类型的投资决策中有不同的应用重点。

对于股票投资，财务分析可以帮助投资者评估公司的盈利能力、成长性和估值水平。关键指标包括每股收益（EPS）、市盈率（P/E）、股东权益收益率（ROE）等。

对于债券投资，财务分析主要关注企业的偿债能力和现金流状况。关键指标包括利息保障倍数、债务比率、经营现金流等。

对于并购投资，财务分析可以帮助评估目标公司的价值、识别潜在的协同效应，并为交易定价提供参考。这通常需要更为详细的财务模型和预测。

对于风险投资，由于初创企业常常缺乏完整的财务历史数据，财务分析可能更多地关注在未来的增长潜力和现金流预测上。

财务分析是投资决策中不可或缺的工具，它为投资者提供了评估企业价值和风险的重要依据。然而，财务分析并非万能的，它需要与其他分析方法相结合，并考虑更广泛的经济和市场因素，才能做出更加全面和准确的投资决策。

财务报表分析与企业价值评估是财务管理和投资决策的核心内容。通过深入理解财务报表的结构、掌握财务比率分析方法、运用各种价值评估模型，并将财务分析应用于投资决策，可以帮助投资者更好地评估企业的财务状况、经营绩效和投资价值。然而，这也是一个复杂的过程，需要分析者具备扎实的财务知识、敏锐的商业洞察力以及持续学习和实践的精神。

随着经济环境的变化和信息技术的发展，财务报表分析与企业价值评估领域也在不断改进。大数据和人工智能技术的应用可能会革新传统的财务分析方法，提供更加及时、准确的分析结果。同时，无形资产和知识资本在企业价值中的比重不断上升，这也对传统的价值评估方法提出了新的挑战。未来，财务分析和价值评估可能会更加注重非财务信息的整合，以及对企业长期价值创造能力的评估。

尽管如此，财务报表分析与企业价值评估的基本原则和方法仍将保持其重要性。只有在深入理解这些基础知识的前提下，才能更好地应对新的挑战，做出更加明智的财务决策和投资决策。

第二节 资本结构与企业融资策略

资本结构与企业融资策略是公司财务管理中的核心议题，直接影响企业的财务风险、盈利能力和长期发展。本节将从资本结构理论的演变、债务融资与权益融资的权衡、融资成本与企业价值以及融资策略与市场环境的适应四个方面，深入探讨资本结构与企业融资策略的理论基础和实践应用。

一、资本结构理论的演变

资本结构理论主要研究企业如何选择债务和权益的最优组合，以最大化企业价值。资本结构理论的演变反映了学者对企业融资行为的认识不断深化的过程。

早期的资本结构理论以净收益理论为代表，该理论认为企业价值与资本结构有关，存在最优资本结构。随着研究的深入，净营业收益理论提出了相反的观点，认为企业价值与资本结构无关。这两种截然不同的观点引发了学术界的广泛讨论，推动了资本结构理论的发展。

MM 理论是资本结构理论发展的一个重要里程碑。该理论在完美资本市场假设下，提出了著名的 MM 定理：在没有公司所得税的情况下，企业价值与资本结构无关；在考虑公司所得税的情况下，由于债务利息的税盾效应，企业价值随着负债比率的提高而增加。MM 理论为后续研究奠定了基础，尽管其假设条件在现实中难以满足。

权衡理论是对 MM 理论的重要修正和发展。该理论认为，企业在选择资本结构时需要权衡债务的税盾收益和财务困境成本。随着负债比率的提高，债务的边际收益递减，而财务困境成本递增。因此，存在一个最优资本结构，使得企业价值最大化。

代理成本理论进一步拓展了资本结构研究的视角。该理论关注资本结构对股东、债权人和管理层之间代理关系的影响。债务可以减少股东与管理层之间的代理成本，但也会增加股东与债权人之间的代理成本。最优资本结构应该平衡这些代理成本。

优序融资理论从信息不对称的角度解释企业的融资行为。该理论认为，由于管理层与外部投资者之间存在信息不对称，企业倾向于优先选择内部融资，其次是债务融资，最后才是权益融资。这一理论解释了许多实证研究中观察到的企业融资行为。

市场时机理论是近年来兴起的一种新的资本结构理论。该理论认为，企业会根据股票和债券市场的波动选择有利的融资时机。当股票被高估时，企业倾向于发行股票；当利率较低时，企业倾向于发行债券。这种行为可能导致企业的资本结构偏离长期目标。

资本结构理论的演变反映了学者对企业融资行为的认识不断深化。从早期的简单假设到考虑税收、破产成本、代理成本和信息不对称等因素，资本结构理论越来越接近现实。然而，目前仍然没有一个统一的理论能够完全解释企业的资本结构决策。这表明资本结构问题的复杂性，也为未来研究提供了广阔空间。

二、债务融资与权益融资的权衡

债务融资和权益融资是企业两种主要的外部融资方式，各有其优缺点。企业在选择融资方式时需要权衡多个因素，以优化其资本结构。

债务融资的主要优势包括：首先，债务利息可以抵扣税收，产生税盾效应，降低融资成本。其次，债务融资不稀释现有股东的所有权，有利于保持企业控制权。再次，债务融资对管理层有一定的约束作用，可以降低代理成本。最后，在经济上行期，债务融资可以发挥财务杠杆作用，提高股东收益。

然而，债务融资也存在一些潜在问题：首先，过高的负债会增加企业的财务风险，甚至可能导致破产。其次，债务融资可能带来投资不足问题，即企业放弃一些有利可图但风险较高的投资机会。再次，债务融资可能增加股东与债权人之间的代理成本。最后，过多的债务可能限制企业的融资能力和战略灵活性。

相比之下，权益融资的主要优势包括：首先，权益融资不需要定期偿还本息，减少了企业的财务压力。其次，权益融资增加了企业的资本缓冲，提高了抗风险能力。再次，权益融资可以吸引新的投资者，扩大股东基础。最后，权益融资为企业提供了更大的财务灵活性。

权益融资的主要缺点包括：首先，权益融资稀释了现有股东的所有权和每股收益。其次，权益融资成本通常高于债务融资。再次，大规模的权益融资可能导致股价下跌。最后，频繁的权益融资可能被市场解释为负面信号。

在权衡债务与权益融资时，企业需要考虑以下因素：

（1）企业特征：不同行业、不同发展阶段的企业适合的融资方式可能不同。例如，成熟稳定的企业可能更适合债务融资，而高成长企业可能更适合权益融资。

（2）财务状况：企业的盈利能力、现金流状况、资产结构等都会影响其选择融资方式的能力和偏好。

（3）市场环境：股票市场和债券市场的状况会影响融资成本和可行性。企业需要根据市场环境选择合适的融资时机和方式。

（4）控制权考虑：如果现有股东希望保持控制权，可能会倾向于选择债务融资。

（5）财务灵活性：企业需要考虑未来的融资需求，保持适当的财务灵活性。

（6）信号传递：融资决策可能被市场理解为对企业前景的信号，企业需要考虑融资决策的信号效应。

在实践中，企业常常采用混合融资策略，结合债务和权益融资的优势。例如，可转换债券就是一种兼具债务和权益特征的融资工具。企业也可能根据不同的融资需求和市场环境，在不同时期选择不同的融资方式。

债务与权益融资的权衡是一个复杂的决策过程，需要企业综合考虑多方面因素，并根据自身特点和外部环境做出动态调整。没有一种固定的最优资本结构适用于所有企业，企业需要根据具体情况制定合适的融资策略。

三、融资成本与企业价值

融资成本是企业进行融资决策时的关键考虑因素，它直接影响企业的盈利能力和价值。理解融资成本的构成及其与企业价值的关系，对于优化资本结构和提高企业价值至关重要。

融资成本主要包括债务成本和权益成本。债务成本是企业为获得债务融资而支付的成本，主要包括利息支出和债务发行成本。权益成本是投资者要求的股权投资回报率，虽然不是企业的直接现金支出，但代表了股东的机会成本。

加权平均资本成本（WACC）是衡量企业整体融资成本的重要指标，它综合考虑了债务成本和权益成本，并根据债务和权益在资本结构中的比重进行加权平均。WACC 的计算公式为：

$$WACC = Wd * Kd * (1-T) + We * Ke$$

其中，Wd 和 We 分别是债务和权益在资本结构中的比重，Kd 是税前债务成本，T 是企业所得税税率，Ke 是权益成本。

融资成本与企业价值之间存在密切关系。根据现金流贴现模型，企业价值等于未来自由现金流的现值,而贴现率通常采用加权平均资本成本。因此,较低的加权平均资本成本意味着较高的企业价值。这就是为什么企业努力优化其资本结构,以降低融资成本。

然而,降低融资成本并不意味着企业应该无限制地增加负债。虽然债务融资成本通常低于权益融资,但过高的负债率会增加财务风险,从而提高权益成本和债务成本。因此,存在一个能够降低 WACC 的最优资本结构。

融资成本还会影响企业的投资决策。企业在评估投资项目时,通常将项目的预期回报率与 WACC 进行比较。只有当项目回报率高于 WACC 时,该项目才能为企业创造价值。因此,较低的融资成本能够使更多的投资项目变得可行,从而促进企业增长。

此外,融资成本还会影响企业的股利政策。当外部融资成本较高时,企业可能倾向于保留更多的利润用于再投资,而不是分配股利。相反,当融资成本较低时,企业可能会增加股利支付,因为它能以较低成本获得外部融资。

然而,企业在关注融资成本时也需要注意以下几点:

(1)最低融资成本不一定对应最高企业价值。企业需要平衡融资成本、财务灵活性和战略需求。

(2)融资成本的估算存在不确定性。特别是权益成本的估算常常涉及主观判断,需要谨慎处理。

(3)融资成本会随时间和市场环境变化。企业需要定期评估和调整其资本结构。

(4)不同融资方式可能带来不同的非财务影响,如控制权变化、信息披露要求等,这些因素也需要在融资决策中考虑。

融资成本与企业价值密切相关,是企业财务决策的核心考虑因素。企业需要在降低融资成本和控制财务风险之间寻找平衡,以提高长期价值。这需要企业具备深入的财务分析能力和前瞻性的战略视野。

四、融资策略与市场环境的适应

企业的融资策略需要根据市场环境的变化不断调整,以优化资本结构、降低融资成本、提高企业价值。市场环境包括宏观经济环境、行业环境、金融市场环境等多个方面，这些因素共同影响企业的融资决策。

宏观经济环境对企业融资策略的影响主要体现在以下几个方面：

（1）经济周期会影响企业的融资需求和能力。在经济上行期，企业常常有更多的投资机会和融资需求，同时融资能力也较强。相反，在经济下行期，企业可能需要更多地关注现金流管理和财务风险控制。

（2）通货膨胀率会影响名义利率和实际利率，从而影响企业的融资成本。高通胀期间，企业可能倾向于增加长期固定利率债务，以对冲通胀风险。

（3）汇率波动会影响跨国企业的融资决策。例如，在本币贬值预期下，企业可能减少外币债务融资，以避免汇兑损失。

（4）行业环境也是影响企业融资策略的重要因素。首先，不同行业的资本密集度、盈利波动性、成长性等特征会影响适合的资本结构。例如，资本密集型行业可能更倾向于债务融资，而高成长行业可能更倾向于权益融资。其次，行业竞争格局会影响企业的融资策略。在激烈竞争的行业，企业可能需要保持较高的财务灵活性，避免过度负债。再次，行业技术变革也会影响融资需求和方式。例如，面临技术升级的企业可能需要大量资金投入，这可能需要通过多种融资方式组合来满足。

（5）金融市场环境对企业融资策略的影响尤为直接。利率水平直接影响债务融资成本。在低利率环境下，企业可能会增加债务融资比例或进行债务重组。股票市场的估值水平会影响权益融资的吸引力。在股票市场估值较高时，企业可能倾向于选择权益融资。债券市场的流动性和信用利差会影响企业的债务融资决策。在信用利差扩大时，信用评级较低的企业可能面临更高的融资成本。金融创新和新型融资工具的出现为企业提供了更多融资选择。例如，资产证券化、夹层融资等工具使企业能够更灵活地进行融资。

基于上述市场环境因素，企业可以采取以下策略来适应市场变化：

（1）建立动态的资本结构管理机制。企业应定期评估其资本结构，并根据市场环境和企业需求进行调整。这可能包括设定目标资本结构范围，并在此范围内进行动态管理。

（2）多元化融资渠道。企业不应过度依赖单一融资渠道，而应建立多元化的融资结构。这可以包括银行贷款、债券发行、股权融资、租赁融资等多种方式，以增强融资灵活性。

（3）优化债务结构。企业应关注债务的期限结构、利率结构和币种结构，以降低财务风险。例如，在利率上行周期，可能需要增加固定利率债务的比例。

（4）把握市场时机。企业应密切关注金融市场动向，选择有利的时机进行融资。这需要企业具备较强的市场分析能力和决策效率。

（5）提高信息透明度。通过提高信息披露质量，企业可以降低与投资者之间的信息不对称，从而降低融资成本。

（6）加强财务预测和风险管理。准确的财务预测可以帮助企业提前规划融资需求，而有效的风险管理则可以增强企业的抗风险能力，提高融资能力。

（7）创新融资方式。企业可以根据自身特点和市场需求，设计创新性的融资工具。例如，某些企业可能选择发行可转换债券，以兼顾当前的低成本融资和未来的股权转换机会。

（8）平衡短期和长期目标。企业在制定融资策略时，需要平衡短期融资成本和长期战略发展需求。过度关注短期融资成本可能损害企业的长期发展潜力。

（9）关注产融结合。企业可以将融资策略与其产业战略相结合，例如通过产业基金、供应链金融等方式实现产融协同。

（10）建立危机应对机制。企业应制定应对金融市场剧烈波动或流动性危机的预案，以增强在极端市场环境下的应对能力。

融资策略与市场环境的适应是一个动态的过程。企业需要建立灵活的融资决策机制，持续关注市场变化，并根据自身特点和发展需求及时调整融资策略。这不仅需要企业具备专业的财务管理能力，还需要有前瞻性的战略视野和敏锐的市场洞察力。只有这样，企业才能在复杂多变的市场环境中优化资本结构，降低融资成本，提高企业价值，实现可持续发展。

资本结构与企业融资策略是公司财务管理中的核心议题，直接关系到企业的财务健康、经营效率和长期发展。通过回顾资本结构理论的演变，权衡债务与权益融资的利弊，分析融资成本与企业价值的关系，以及探讨融资策略与市场环境的适应，可以深入理解企业融资决策的复杂性和重要性。

在实践中，企业需要根据自身特点和外部环境，灵活运用各种融资工具和策略，以优化资本结构，降低融资成本，提高企业价值。这要求企业管理者不仅要具备扎实的财务知识，还要有敏锐的市场洞察力和前瞻性的战略思维。

资本结构与企业融资策略是一个永恒的话题，它随着经济环境和金融市场的变化而不断演进。企业需要在理论与实践、短期与长期、风险与收益之间寻找平衡，以实现可持续的价值创造。这需要企业管理者具备全面的金融知识、敏锐的市场洞察力和灵活的决策能力。只有这样，企业才能在复杂多变的经济环境中把握融资机遇，防范融资风险，实现长期稳健发展。

第三节　风险管理与经济稳定性

一、风险识别与评估方法

风险管理是现代企业管理和宏观经济调控的重要内容，其首要任务是准确识别和评估风险。风险识别是发现、辨别和描述风险的过程，旨在确定风险的来源、类型、特征等基本要素。风险评估则是在风险识别的基础上，分析风险发生的可能性及其影响程度，进而确定风险等级和管理重点的过程。风险识别和评估的科学性与有效性，直接关系到风险管理乃至整个经济社会稳定大局。

风险识别的基本方法可分为定性分析和定量分析两大类。定性分析主要依靠主观判断和经验直觉，通过归纳演绎、类比对照等逻辑思维方式，推断风险事件发生的可能性。常用的定性分析工具包括核对单法、流程图法、头脑风暴法、德尔菲法等。其中，核对单法是参照预先建立的风险事件清单，逐项排查可能存在的风险隐患；流程图法是以图示方式描绘业务流程或系统结构，识别关键节点和薄弱环节；头脑风暴法是通过小组成员集思广益，从不同视角发现潜在风险；德尔菲法是采用匿名问卷，多轮征询专家意见，逐步达成一致判断。定性分析有助于快速锁定关注重点，但难以实现风险的精准刻画。

定量分析则侧重运用数学模型和统计方法，定量计算风险事件发生的概率分布及其损失程度。常用的定量分析工具包括历史数据分析、情景分析、敏感性分析、概率分布拟合等。其中，历史数据分析是利用过去的损失数据，推断风险事件未来的发生概率；情景分析是设定各种未来情景，刻画在不同情景下风险事件的概率分布；敏感性分析是考察关键变量变动对风险结果的影响程度；概率分布拟合则是利用数理统计方法，量化描述风险事件的频率分布规律。定量分析能够为风险决策提供更精确、更充分的依据，但对数据质量和模型假设提出了更高要求。

在实践中，风险识别和评估往往需要定性分析与定量分析相结合。一方面，定性分析有助于发现定量分析忽略的因素，提供更全面的风险概览；另一方面，定量分析可验证定性判断的合理性，揭示风险事件的内在规律。将二者有机结合，能够形成对风险的全景式认识，从而为制定风险管理策略奠定基础。同时，还要根据内外部环境的变化，动态调整风险评估的视角和方法。特别是在经济形势复杂多变的当下，更需要树立系统性思维，密切关注风险的关联性、传导性和累积性，提高风险识别和评估的前瞻性、敏捷性和整体性。

此外，大数据、人工智能、区块链等新兴技术的发展，也为风险识别与评估拓展了新的视野。海量异构数据的获取和整合，使得全样本、高频率风险分析成为可能；机器学习算法的应用，可显著提升风险预警和实时监测能力；区块链技术的去中心化特征，为构建风险信息共享机制、实现多方协同管理提供了新思路。因此，风险管理还需顺应科技革命大势，加快风险管理手段的创新，推动形成全要素、全过程、全方位的风险防控格局。

二、风险管理策略与工具

风险管理的核心是选择合适的策略和工具，制定系统完备、切实可行的解决方案，实现风险的有效规避和化解。风险管理策略通常分为风险回避、风险降低、风险转移和风险保留四类。风险回避是指企业面对超出承受能力或难以有效控制的风险，主动放弃相关业务或退出特定市场；风险降低是指通过完善内控制度、优化业务流程等措施，降低风险发生的概率或损失程度；风险转移是指利用保险、金融衍生品等工具，将风险转嫁给其他经济主体承担；风险保留则是指企业在权衡成本收益后，自留风险并通过稳健经营等方式加以管理。

风险管理策略的选择需要统筹考虑风险偏好、风险承受能力、管理成本等多重因素。风险偏好是指企业或个人对风险和收益的主观态度，是确定风险管理目标的重要依据。不同风险偏好下，风险管理的着力点和资源投入存在明显差异。风险承受能力反映了企业应对风险损失的综合实力，既取决于资本实力、盈利水平等硬实力，也受制于公司治理、内部控制等软实力。风险管理成本既包括直接成本如保费支出，也包括机会成本如权衡收益后放弃业务机会，以及代理成本如委托第三方管理风险引致的激励扭曲等。风险管理需要在风险可控、成本可负担的前提下，审慎均衡风险与收益、当期与长远的关系，在动态优化中实现风险管理价值最大化。

金融创新为风险管理提供了日益丰富的工具选择。保险是风险管理最基本、最常用的工具。企业通过事前支付保费，将风险转嫁给保险公司，获得对各类意外事故、资产损失、信用违约等风险的补偿保障。金融衍生品如远期、期货、期权、掉期等，能够帮助企业对冲汇率、利率、商品价格等市场风险。资产证券化通过资产支持证券（ABS）这一载体，盘活存量资产，分散投资风险。大宗商品衍生品交易为产业客户提供了规避价格波动的有力工具。近年来，互联网保险、供应链金融等创新业态的兴起，进一步拓展了风险管理的广度和深度。

金融科技的发展也为风险管理赋能增效。大数据分析能够挖掘海量交易数据中隐含的风险信息，实现风险的精准识别和实时监测。区块链技术可用于构建安全、高效、可溯源的风险数据共享平台。人工智能和机器学习算法在智能预警、风险定价、反欺诈等领域得到广泛应用。云计算、5G 等新一代信息技术也在风险管理领域不断开拓新的应用场景。可以预见，金融科技与传统风险管理的深度融合，将极大提升风险管理的专业化、精细化、智能化水平。

同时，完善的公司治理结构和有效的内部控制机制是风险管理的重要基石。董事会和管理层要将风险管理理念内化于心、外化于行，将其纳入公司治理和经营决策的全过程。要建立健全风险管理的组织体系，明确董事会、监事会、经营层及相关部门的风险管理职责，形成各司其职、各负其责、密切配合的运行机制。要根据风险状况和管理需要，合理设置风险限额指标，强化限额指标的刚性约束。要扎实推进全面风险管理，将各类风险纳入统一管理框架，增强风险的系统性防控能力。要加强风险文化建设，强化全员风险意识，营造主动管理风险、严格控制风险的良好氛围。

三、经济周期与企业风险管理

经济周期是指经济总量在长期增长趋势中呈现出的周期性波动，一个完整的经济周期通常包括复苏、繁荣、衰退和萧条四个阶段。不同阶段宏观经济环境、市场供求关系、货币金融状况的显著差异，使得企业面临的风险类型、风险程度也各不相同。总体而言，经济周期由谷底走向高峰，企业生产经营由恢复转向过热，市场风险逐步累积；而当经济由高峰滑向谷底，信贷收缩、实体衰退，企业的信用风险、流动性风险急剧攀升。把握经济周期演进规律及其与风险的传导机理，对于企业动态优化风险管理策略至关重要。

在经济复苏初期，企业业绩改善，风险总体可控，但也要防范复苏势头偏弱、通胀压力骤升等不确定性因素。进入繁荣期，企业盈利能力显著提升，但市场风险开始积聚，产能过剩、资产价格泡沫、杠杆率攀升等隐患值得高度警惕。当泡沫破灭、风险集中暴露，经济将步入衰退。衰退期信贷紧缩、需求萎缩导致企业经营困难，流动性枯竭，违约风险上升。而在萧条期，企业大面积亏损，失业率攀升，风险达到顶峰。但也要看到，经济周期孕育着新的增长点和发展机遇，企业应危中寻机，化危为机，在逆周期调节中培育新的竞争优势。

经济周期波动给企业风险管理带来多重挑战。一是经济运行中不确定性因素明显增多，风险的相关性、复杂性、隐蔽性大为增强，对传统风险管理工具形成挑战。二是实体经济与金融市场的联动性日益紧密，金融风险极易通过资产负债表等途径向实体经济传导。三是经济危机常伴随着市场情绪的极端波动，非理性因素影响加大，风险定价难度骤增。四是外部冲击的频率和强度不断提高，重大风险事件更趋常态化，全球经济金融动荡加剧。

企业必须立足新发展阶段，贯彻新发展理念，以系统性思维应对风险管理的系统性挑战。要加强形势研判，既看当前、更谋长远，将风险管理与企业中长期发展战略相匹配。在经济周期上行期，要把握窗口期，稳健有序扩张，培育发展新动能；进入下行期，则要以风险防控为主，强化现金流管理，确保平稳运行。要健全全面风险管理体系，覆盖信用、市场、操作、流动性等各类风险，做到从产品、业务到流程、系统的全链条管理，增强协同联动和快速响应能力。要树立正确的业绩观，摒弃单纯追求规模、盲目激进扩张的做法，在风险可测、可控的前提下稳健经营。要强化资本约束和流动性管理，增强抗风险能力，筑牢可持续发展的根基。

四、风险管理在宏观经济稳定中的作用

风险管理是维护宏观经济金融稳定的重要基础。各类风险广泛存在于经济金融运行的方方面面，相互交织、相互影响，个别风险事件极易演化为系统性、区域性风险，危及整体经济稳定。风险在一定条件下会突破临界点，放大传导，引发系统性危机。这就需要各类经济主体树立全局观念和系统思维，从宏观审慎的视角加强风险管理，筑牢风险防线。

具体而言，金融机构要切实履行风险管理主体责任，全面排查信用风险、流动性风险等各类风险隐患，完善内控机制，提高抗风险能力。要严格限额管理，加强资产负债匹配，稳妥应对资金市场波动。同时，要在支持实体经济中防控金融风险，严守不发生系统性区域性风险底线。实体企业要强化现金流管理，合理控制财务杠杆，提高自主创新能力，增强发展韧性。要高度重视产业链供应链稳定，加强上下游协同，做好原材料、关键设备等要素保

供，有效管控极端情况下可能出现的断供风险。企业要树立风险防范意识，理性判断宏观经济走势，稳定市场预期，不盲从、不从众，自觉抵制过度负债、投机炒作等非理性行为。

当前，必须增强忧患意识，坚持底线思维，提高风险管理能力，以高水平的风险管控夯实高质量发展的根基。要完善风险治理体系，压实各方责任，强化风险管理文化建设，探索建立重大风险联防联控机制。加快补齐监管制度短板，消除监管真空和套利空间，筑牢风险"防火墙"。同时，要深化金融供给侧结构性改革，提高直接融资比重，强化金融对实体经济的支持，从源头上化解风险隐患。

总之，在错综复杂的经济金融形势下，必须高度重视风险管理，加快构建具有前瞻性、针对性、协同性的风险防控体系。既要重视结构性去杠杆，稳定宏观杠杆率；又要突出精准滴灌，支持中小微企业纾困。既要做好应急预案，未雨绸缪；又要在危机中育新机，于变局中开新局。唯有将风险管理理念内化于心、外化于行，落实到经济社会发展各领域各环节，才能筑牢防范化解重大风险的压舱石，为实现高质量发展行稳致远保驾护航。

第四节　金融创新与经济发展的推动

一、金融创新的类型与影响

金融创新是指金融市场参与者为适应经济金融发展需要，在金融工具、金融业务、金融市场、金融制度等方面进行的一系列革新。它是金融体系与实体经济相互作用、共同演进的动态过程和必然结果。一般而言，金融创新既包括金融机构主动推动的供给侧创新，也包括企业和居民对新型金融服务的需求引致的需求侧创新。从创新形式看，既有源于监管套利、规避管制的制度性创新，也有着眼提高效率、优化资源配置的效率型创新。从创新动因看，既有内生性因素如管理层激励机制的驱动，也有外生性因素如新兴技术进步的推动。

具体而言，当前金融创新主要呈现以下新特点新趋势：一是工具创新更加活跃。金融衍生品、结构化产品不断涌现，产品形态日趋多样化、复杂化，交易规模不断扩大。二是业务创新更加多元。表外业务、交叉性金融服务等新业态不断拓展，混业经营趋势明显。三是市场创新更加深化。场外交易市场、区域性市场蓬勃发展，交易机制和组织方式创新不断涌现。四是制度创新更加完善。既有自上而下的制度供给，也有自下而上的制度需求，金融基础设施建设明显加快。五是科技创新更加凸显。大数据、云计算、人工智能、区块链等新一代信息技术与金融加速融合，催生出众多新模式、新业态。

金融创新对经济金融发展具有重要而深远的影响。从积极影响看，金融创新有利于提高金融资源配置效率，满足实体经济多元化金融需求。金融工具和业务模式创新，为企业融资提供了更多选择，有利于拓宽融资渠道，降低融资成本。金融市场创新有利于增强市场定价功能，降低交易成本，促进金融市场功能的多元化、综合化发展。金融制度创新通过完善金融基础设施，优化金融生态环境，为金融市场各参与主体创造良好的制度供给，引导形成稳定有序的市场秩序。金融科技创新大幅提升了金融服务的可得性、便捷性和普惠性，推动了金融服务从中心城市向广大中小城市和乡村地区延伸。

但另一方面，部分金融创新也存在诸多负面影响和潜在风险。一是某些金融创新产品结构复杂、风险定价难度大，使得金融体系的不透明性显著上升。二是金融创新加剧了金融活动的顺周期性，加大了宏观经济的波动性。繁荣期，信贷扩张加快，资产价格快速上涨，风险偏好上升；一旦泡沫破灭，信贷紧缩，资产价格暴跌，实体经济承压。三是部分金融创新游离于监管之外，加大了系统性金融风险。结构化融资、影子银行等加大了实体部门杠杆率，放大了信用风险。而场外衍生品市场具有高杠杆、高关联、定价复杂等特点，极易引发交易对手违约风险、流动性风险的传染。四是金融创新可能加剧金融市场短期投机行为和资产价格泡沫，偏离实体经济需求，损害金融服务实体经济的效果。

总体看，金融创新作为一把"双刃剑"，在促进金融市场繁荣发展、更好服务实体经济的同时，也可能积聚金融风险，放大经济周期波动。因而，必须加强金融创新的引导和规范制定，在鼓励创新的同时加强监管，努力实现促进发展和防范风险的平衡，使创新的效用最大化、负面影响最小化。这就要求监管机构必须保持定力和耐心，既要留出市场创新的空间，又要划定负面清单，严防道德风险；既要纵向统筹各监管部门职能，又要横向协调各业态监管标准；既要借鉴国际监管经验，又要立足国情制度需要。只有构建全面、审慎、有弹性的金融创新治理体系，才能推动金融创新行稳致远，发挥应有作用。

二、金融科技与金融服务的变革

金融科技是技术驱动的金融创新，是新一代信息技术与金融深度融合的产物。大数据、云计算、人工智能等新兴技术不断创新迭代，数字经济时代全面来临，极大地推动了金融科技的兴起与发展。从全球视野看，金融科技创新热潮席卷全球，正深刻改变着传统金融业态和服务模式，并衍生出诸多新业态新模式。金融科技应用的广度不断拓展，从支付清算到融资借贷，从财富管理到保险服务，渗透到金融活动各个领域；金融科技应用的深度持续提升，从前台业务到中后台运营，从营销服务到风险管理，融入到价值创造全过程。总体而言，当前金融科技发展呈现以下新特点：一是场景化趋势凸显。移动支付、消费信贷、投资理财等金融服务场景不断丰富，基于特定场景的垂直服务应运而生。二是平台化发展加快。综合金融服务平台、产业链金融平台等新型平台不断涌现，平台经济思维深入人心。三是数据驱动价值提升。大数据风控、精准营销等应用广泛深入，海量异构数据的获取、治理与应用能力成为核心竞争力。四是智能化应用广泛深入。智能投顾、智能客服、智能反欺诈等创新层出不穷，人机协同、人机交互成为行业新趋势。五是开放合作共建共享。

金融科技正成为重塑金融业态、变革金融服务的新引擎。其影响主要体现在以下方面：一是极大提升了金融服务的可及性。移动互联网、人工智能等技术应用使得金融服务突破时空限制，将服务延伸到长尾客户和偏远地区，有力推进了普惠金融的发展。二是显著拓展了金融服务边界。嵌入第三方场景中的支付、融资、理财等服务不断涌现，交叉性金融创新产品层出不穷。三是大幅优化了客户体验。线上化、移动化的交互方式，个性化、智能化的服务内容，极大提升了服务的便捷性、贴合度与互动性。四是有效提升了风险管理水平。大数据、机器学习等技术在客户识别、风险定价、实时预警等环节的广泛应用，提高了金融机构的风险管理专业化、精细化、智能化水平。五是倒逼传统金融加快转型。移动互联网、消费金融等领域的科技创新对传统金融形成新的竞争压力，推动商业银行等传统机构加快数字化转型步伐。

随着金融科技的快速发展，传统金融机构与科技企业跨界融合趋势日益明显。一方面，银行、保险等传统金融机构纷纷设立金融科技子公司，加大科技投入和数字化转型力度，探索线上线下融合发展新模式。另一方面，科技巨头也纷纷布局金融领域，借助其在流量获取、场景运营、数据应用等方面的独特优势，进军支付、信贷、理财、保险等业务。金融业与科技业的加速融合，有利于提升金融创新活力，延伸金融服务半径，更好满足消费者多元化、个性化的金融需求。但同时也对现有监管规则和制度安排形成挑战，亟须在统一监管标准、防范风险跨行业传染等方面加强政策协调。

具体而言，要从全局和战略高度统筹推进金融科技创新，在鼓励创新的同时防范化解风险。一是加强顶层设计和统筹规划。制定国家金融科技发展战略规划，明确发展路径、目标任务、政策举措，做到心中有"数"、手中有"策"。二是大力营造有利于创新的制度环境。在政策、法律、技术、标准等层面强化制度供给，为金融科技创新营造良好的政策环境和制度生态。三是推进金融监管科技化转型，提升对金融科技创新的精准化、专业化监管能力。四是提升自主创新能力，在人工智能、大数据、云计算、区块链等领域抢占创新制高点。五是加强数据隐私保护，坚持安全与发展并重、鼓励创新与依法规范并举，筑牢经济金融安全防线。六是促进金融机构与科技企业合作共赢，强化行业自律，探索市场化、法治化的行业治理机制。

三、金融创新与市场效率

金融市场是资金融通和价值发现的场所，其运行效率对实体经济发展和宏观调控具有重要影响。一般认为，金融市场效率主要体现在配置效率、定价效率和信息效率三个方面。配置效率是指金融市场在不同投资者、不同期限、不同风险偏好之间配置资金的效率，直接影响实体经济的融资效率和资本形成效率。定价效率是指金融市场对金融资产和金融风险定价的准确性，影响投融资双方的收益预期和风险判断。信息效率则是指金融市场及时、准确地反映信息的能力，是评判市场成熟度的重要标尺。在信息有效的市场中，理性投资者根据信息及时调整交易策略，资产价格对信息的反应是及时而全面的。

从理论上看，金融创新通过优化金融市场的制度安排和运行机制，能够显著提升金融市场效率。具体表现在：一是金融工具创新满足了投资者多元化的风险—收益偏好，为资金在不同风险等级、不同期限的资产之间灵活配置提供了可能，提高了金融资源配置效率。二是金融市场创新完善了交易机制，提高了交易效率，削减了交易成本，为市场价格发现功能的充分发挥创造了条件。三是金融制度创新健全了信息披露制度，加强了信用中介服务体系建设，提高了市场的信息生产能力和传递效率。四是金融科技创新大幅提升了海量数据获取、处理、应用的技术能力，增强了市场信息的采集广度、分析深度与应用精度，提高了市场运行效率。

但另一方面，部分金融创新也可能损害市场效率。一些复杂的创新产品加大了市场的不透明性，扰乱了价格发现功能。部分场外交易市场信息披露不足，削弱了市场的信息有效性。一些金融机构利用创新产品和交易架构规避资本和杠杆监管，加剧了顺周期效应，放大了市场波动。个别金融创新脱离实体经济，加剧了短期投机行为和资产泡沫化倾向。因此，在鼓励创新的同时必须加以必要规范和引导，防止创新异化为追逐短期利益的投机行为。

四、金融创新政策与经济发展

金融创新是经济转型发展的"助推器"，也是防范金融风险的"稳定器"。一般而言，金融创新政策的目标是在防范系统性金融风险的前提下，释放金融创新活力，切实提升金融服务实体经济的质效。这就要求金融创新政策必须统筹发展与安全，兼顾效率与公平，做到全面、审慎、可持续。

金融创新政策在不同发展阶段的侧重点应有所不同。在经济转型初期，实体经济融资需求旺盛，金融创新政策宜适度偏向激励性，重点支持产品、服务模式等微观层面的应用型创新。随着金融市场日渐成熟，资产泡沫和投机行为风险上升，金融创新政策应强化审慎性，加强行为监管和功能监管，防范金融创新"脱实向虚"。在系统性金融风险暴露后，金融创新政策需强调逆周期调节功能，压缩创新空间，强化风险出清。总的看来，金融创新政策要把握金融创新、金融发展、金融稳定的内在关联，在动态中寻求"三位一体"均衡。

科学制定金融创新政策，需要把握以下原则：一是坚持市场化改革方向。加快推进利率、汇率市场化改革，完善市场化的价格形成和风险定价机制。二是坚持法治化的政策环境。加快健全金融法律法规体系，用严格的制度规范市场行为，为金融创新划定法治轨道。加强行为监管，强化信息披露，有效打击逃废债、违法违规融资等行为。三是坚持开放包容的创新生态。顺应全球科技和金融发展大势，加快金融业对外开放，借鉴国际先进经验，完善有利于创新的制度供给和政策环境。同时，要立足国情，尊重市场主体首创精神，为创新失败留出宽容空间。四是坚持以需求为导向。紧紧围绕经济高质量发展需要，增强金融创新的针对性和有效性。加快发展直接融资，优化社会融资结构，破解民营、小微企业融资难题。五是坚持风险与效率并重。加快建设全覆盖、可溯源、实时高效的风险监测预警体系，加大逆周期调节力度，筑牢系统性金融风险防线。

在具体的政策工具选择上，既要立足当前、把握节奏，又要放眼长远、着眼全局，综合运用货币、财税、监管等政策组合拳，形成稳定可行的政策合力。在货币政策方面，要加强逆周期调节，保持流动性合理充裕，疏通货币政策传导渠道，引导资金更多流向重点领域和薄弱环节。针对不同类型金融机构实施差异化存款准备金率和担保品管理，鼓励金融创新服务小微、三农、绿色等领域。在财税政策方面，对符合条件的金融科技企业给予税收减免等优惠政策，鼓励创业投资、天使投资支持金融科技初创企业成长。在产业政策方面，制定国家金融科技发展规划，推进金融科技创新监管试点，探索构建全国性金融科技风险监测中心，完善配套政策体系。在监管政策方面，实施功能监管、行为监管、穿透式监管，加强跨市场、跨行业、跨区域金融风险的协同监管，压实金融机构主体责任，提高外部监督约束有效性。

当前，我国经济已由高速增长阶段转向高质量发展阶段，正处在转变发展方式、优化经济结构、转换增长动力的攻关期。必须坚定不移贯彻新发展理念，以供给侧结构性改革为主线，加快建设现代化经济体系。这对金融创新提出了新的更高要求，需要进一步优化金融创新的顶层设计和系统部署。

未来金融创新政策的重点是，围绕服务实体经济、防控金融风险、深化金融改革三项任务，构建系统、科学、有效的政策体系和治理机制。一是要把服务实体经济作为金融创新的出发点和落脚点，引导金融创新聚焦供给侧结构性改革，加大对战略性新兴产业、现代服务业、先进制造业的支持力度，助力新旧动能转换和经济转型升级。二是树立"尽职免责、失职追责"的监管理念，对无序创新"零容忍"，探索建立健全相关法律制度。同时，要强化行业自律，加强市场风险教育，引导金融消费者理性看待创新，共建良好创新生态。三是加快推进利率市场化、人民币国际化进程，扩大金融业双向开放，以高水平开放倒逼金融创新发展，增强金融市场活力和韧性。四是充分运用人工智能、区块链等新兴技术，推动监管科技应用，提高对创新业态的识别、评估和监测能力，实现精准、穿透、实时的全方位管理。

总之，金融创新是把双刃剑，需要辩证看待、审慎对待。必须坚持金融服务实体经济的本质要求，坚持防范化解重大金融风险的底线思维，处理好促进发展和防控风险的关系。要深化金融供给侧结构性改革，优化融资结构和金融体系结构，建立健全各类新业态监管规则，推动业态创新和监管创新的动态均衡。要坚持市场化、法治化改革方向，加快形成系统、科学、规范的金融创新治理体系，营造公平竞争、稳定透明的市场环境，为经济高质量发展保驾护航。

第六章　市场营销与经济发展

第一节　市场分析与消费者行为

一、市场细分与目标市场选择

市场细分是现代营销管理的基石，其核心目标在于识别和描述构成整体市场的各个同质子市场。通过对市场进行细分，企业能够更加深入地了解不同消费者群体的独特特征和差异化需求，从而制定出更加精准和有针对性的营销策略。一般而言，市场细分需要遵循可衡量性、可及性、可区别性和可操作性等基本原则。在实践中，常用的市场细分变量包括地理变量、人口统计变量、心理变量和行为变量等。

在完成市场细分后，企业需要进一步评估各个细分市场的吸引力和盈利潜力，并结合自身的资源禀赋和竞争优势，选择一个或多个细分市场作为重点目标市场。目标市场的选择需要综合考虑市场规模、增长速度、竞争强度、进入壁垒等多方面因素。根据目标市场的特点和企业的发展战略，可以采取集中策略、差异化策略或无差异策略等不同的市场覆盖方式。选择合适的目标市场，有助于企业集中有限的资源，提高营销投入的效率和效果，最终实现利润最大化。

二、消费者行为研究理论及其应用

消费者行为研究是现代市场营销的理论基础。消费者行为是指消费者在选择、购买、使用和处置产品或服务的过程中所表现出的行为活动。影响消费者行为的因素错综复杂，既有文化、社会、家庭等外部环境因素，也有个人动机、感知、学习、态度等内部心理因素。深入分析和把握消费者行为的特点和规律，是企业制定科学营销决策的前提和基础。

目前，消费者行为研究主要有以下几个理论流派：需求层次理论、购买决策过程理论、态度形成与改变理论、社会学习理论等。需求层次理论由著名心理学家马斯洛提出，认为人的需求是分层次的，由低到高依次为生理需求、安全需求、社交需求、尊重需求和自我实现需求。企业在设计和推广产品时，要根据目标消费者的需求层次，提供相应的产品和服务，满足其功能性和情感性的需求。

购买决策过程理论关注消费者做出购买决定的心理过程和行为步骤，一般包括问题认知、信息搜索、方案评价、购买决策和购后行为等环节。企业要针对消费者决策过程的不同阶段，采取相应的营销沟通策略，引导和促进其做出有利于企业的选择。态度形成与改变理论强调态度在消费行为中的决定性作用，认为消费者对产品或品牌的态度会直接影响其购买意愿和行为。企业可以通过广告、公关等方式，塑造积极的品牌形象，改变消费者的态度，提高其购买倾向。

社会学习理论则从社会影响的角度解释消费者行为，认为个体的消费行为很大程度上是通过观察和模仿周围环境中的其他个体而习得的。营销人员要高度重视社会规范和舆论环境对消费行为的影响，利用名人代言、口碑营销等方式，营造良好的社会示范效应，引导消费者追随主流、从众消费。总之，消费者行为理论为营销实践提供了重要的分析框架和行动指南。企业只有在深入洞察消费者心理和行为的基础上，才能做出正确的市场判断，制定出有针对性和实效性的营销组合策略。

三、市场趋势分析与预测方法

市场趋势分析与预测是市场营销管理的重要组成部分，其主要任务是通过对影响市场需求的各种因素进行综合分析，判断未来市场的发展方向和变化趋势，为企业的生产经营决策提供依据。准确把握市场趋势，对于企业及时调整产品结构、优化资源配置、提高竞争力和应变能力具有十分重要的意义。

市场趋势分析与预测的基本方法可分为定性分析和定量分析两大类。定性分析主要是依据经验、直觉和判断，通过对市场现象的观察、归纳和推理，得出关于市场未来走向的结论。常用的定性分析方法包括德尔菲法、情景分析法、市场调查法等。其中，德尔菲法是通过专家反复询问和反馈，逐步形成一致意见的一种方法；情景分析法是根据影响因素的不同组合，描绘市场未来可能出现的多种情景；市场调查法则是通过问卷、访谈等形式，直接了解消费者和经销商等市场主体的意见和态度。

与定性分析相比，定量分析则更加强调数据和模型的运用。通过数理统计、计量经济学等方法，分析市场变量之间的相关关系，建立市场预测模型，定量预测市场需求的变化趋势。常用的定量分析方法包括时间序列分析、因果关系分析和计量经济模型等。时间序列分析是在大量的历史数据基础上，分析市场指标的长期变动趋势和周期性波动规律；因果关系分析是通过构建多元回归模型，分析市场需求与各种影响因素之间的因果关系；计量经济模型则是运用经济学原理，构建需求函数和供给函数，模拟市场均衡状态，预测市场价格和销量的变化。

值得注意的是，在市场趋势分析与预测的实践中，定性分析与定量分析并非截然对立，而是相辅相成、互为补充的。定性分析有助于把握市场变化的主流和大势，但可能存在主观性和片面性。定量分析以严谨的数学模型和客观的数据作支撑，能够提高预测的精确度，但在数据缺乏、模型设定不当时也可能导致误判。因此，必须将两种方法有机结合起来，既要重视专家的经验和判断，又要充分运用市场数据和计算机技术，力求在主观和客观、理论和实证之间取得平衡，不断提高市场预测的科学性和准确性。

四、消费者需求与市场供给的均衡

在市场经济条件下，消费者需求是推动企业生产经营活动的根本动力，而企业的市场供给则是满足消费者多样化需求的物质基础。从宏观层面看，消费者需求与市场供给的有效匹配，是实现市场均衡、资源优化配置和经济稳定增长的关键所在。从微观层面看，只有准确把握消费者需求的变化趋势，不断推陈出新、开发适销对路的产品，企业才能在激烈的市场竞争中立于不败之地，实现可持续发展。

消费者需求具有多样性、动态性和不确定性的特点。不同的消费者在不同的时间和地点，对产品和服务的需求往往是千差万别的。因此，企业必须深入研究消费者需求的特点和演变规律，根据目标市场的差异化需求，及时调整产品结构和营销组合，为消费者提供个性化、多样化的产品和服务。与此同时，企业还应注重培育和引导消费者的需求，通过创新产品设计、改进服务质量、加强品牌建设等方式，不断满足和创造新的消费需求，拓展市场空间。

从市场供给来看，企业必须根据市场需求的变化，及时调整生产规模、优化产品结构、改进生产工艺，不断提高供给的质量和效率。一方面，要加强市场调研和需求预测，准确把握消费者偏好和购买行为的变化趋势，科学制定生产计划，降低市场风险，避免盲目扩张和产能过剩。另一方面，要加大研发投入和技术创新，通过产品升级换代、工艺流程优化、管理机制创新等，不断提高产品性能、降低生产成本，满足消费者日益提高的需求。同时，还要注重产业链的协同和整合，加强与供应商、渠道商等上下游企业的战略合作，优化资源配置，提高供应链管理水平，从而增强供给体系的整体竞争力。

总之，消费者需求与市场供给是相互依存、动态平衡的关系。只有准确把握二者的内在联系，并在此基础上制定和实施符合市场规律的生产经营策略，企业才能实现供需均衡，促进自身的可持续发展。这就要求企业必须坚持以市场为导向、以客户为中心的经营理念，时刻关注市场形势的变化，深入分析消费者行为的特点，不断调整和优化供给结构，最大限度地满足消费者的多样化需求。唯有如此，才能在瞬息万变的市场环境中化危为机、转危为安，实现企业与消费者、生产与消费的良性互动，推动经济的平稳健康发展。

第二节　品牌管理与市场定位

一、品牌资产的构建与管理

品牌资产是指品牌所蕴含的一切有形和无形价值的总和，是企业最为宝贵的无形资源之一。品牌资产的构成要素主要包括品牌知名度、品牌联想、感知品质、品牌忠诚度等。其中，品牌知名度是指消费者对品牌的认知程度和熟悉程度，是品牌资产的基础；品牌联想是指消费者对品牌的各种感知、信念和情感，反映了品牌在消费者心目中的定位；感知品质是指消费者对品牌产品或服务质量的主观评价，直接影响消费者的购买决策；品牌忠诚度则是指消费者对品牌的偏好程度和重复购买行为，是品牌资产的核心要素。

品牌资产的构建和管理是一个系统、持续的过程，需要企业在战略层面进行顶层设计和统筹安排。首先，要明确品牌发展的愿景和目标，确立品牌在企业发展战略中的地位和作用，并将其贯彻到组织结构、流程设计、资源配置等方方面面。其次，要建立科学的品牌管理体系，包括品牌定位、形象设计、传播策略、绩效评估等环节，确保品牌管理的规范化、专业化和精细化。再次，要重视品牌创新和持续改进，紧跟市场变化和消费趋势，不断推陈出新，为消费者提供更优质的产品和服务体验，巩固品牌的差异化优势。最后，要加强品牌保护和维权，建立完善的商标注册、使用许可、侵权监测等制度，维护品牌形象和声誉，防范各类侵权行为对品牌资产的损害。

在品牌资产的构建过程中，衡量和评估品牌资产的状况和变化趋势至关重要。传统的品牌资产评估主要采用财务指标，如销售收入、市场份额、价格溢价等，反映品牌对企业财务绩效的贡献。然而，这些指标往往滞后、片面，无法全面反映品牌资产的内在价值和动态变化。为此，学术界和业界开发了一系列以消费者为导向的品牌资产评估模型和工具，这些模型从消费者的认知、情感、行为等多个维度，系统评估品牌资产的构成要素及其相互关系，为品牌管理决策提供更全面、动态的依据。

二、品牌定位策略与市场反应

品牌定位是指企业根据目标市场的特点和需求，在消费者心中确立品牌的独特位置，并通过一系列组合营销策略加以巩固和强化的过程。科学、有效的品牌定位是现代营销的核心，对于品牌的长期发展和市场竞争力具有决定性影响。一般而言，品牌定位需要回答三个基本问题：第一，品牌的目标消费群体是谁？第二，品牌想要满足消费者的什么需求？第三，品牌相对于竞争对手有什么独特的优势和价值主张？只有明确回答了这三个问题，并将其转化为具体的定位策略和实施方案，品牌才能在市场中树立鲜明的形象，赢得消费者的认知和认同。

品牌定位的策略主要有以下几种类型：一是功能定位，即根据产品的功能属性、使用效果等进行定位，强调产品的质量、性能、工艺等特点，旨在满足消费者的功能性需求。二是情感定位，即根据品牌所传递的情感价值和生活方式进行定位，强调品牌的个性、风格、气质等特点，旨在满足消费者的情感性需求。三是自我表达定位，即根据品牌在消费者自我概念中的作用进行定位，强调品牌的身份认同、社会地位等特点，旨在满足消费者的社会性需求。四是文化定位，即根据品牌所代表的文化内涵和精神价值进行定位，强调品牌的历史渊源、人文底蕴等特点，旨在满足消费者的精神性需求。

在选择和实施品牌定位策略时，企业需要充分考虑各种内外部因素的影响，如企业的资源禀赋、目标市场的特点、竞争对手的策略、技术发展趋势等，并根据实际情况进行动态调整和优化。同时，要注重品牌定位的一致性和连贯性，确保从产品设计、包装策略、价格定位、渠道建设、促销传播等各个环节，都围绕核心的品牌定位来展开，形成清晰、统一的品牌形象和市场认知。例如，默沙东公司在医药行业的品牌定位就以"科学至上"为核心，从研发、生产、营销等各个环节，都体现出专业、严谨、创新的特点，树立了值得信赖的品牌形象。

在实施品牌定位策略后，企业还需要密切关注市场反应和消费者反馈，评估定位策略的有效性和适应性。一般而言，良好的品牌定位能够带来以下市场反应：一是提高品牌知名度和认知度，使目标消费群体对品牌形成清晰、正面的印象；二是增强品牌偏好和忠诚度，使消费者对品牌产生更强的情感依恋和信任关系；三是提升品牌溢价能力，使消费者愿意为品牌支付更高的价格，享受更优质的产品和服务；四是拓展品牌延伸空间，为品牌进入新的产品领域和细分市场创造有利条件。相反，失败的品牌定位则可能导致品牌形象模糊、定位不清、与消费者需求脱节等问题，进而影响消费者的认知和偏好，削弱品牌竞争力。因此，企业必须高度重视市场反应和消费者反馈，通过市场调研、数据分析、客户互动等多种方式，及时发现问题，持续改进品牌定位策略，以适应市场环境的变化。

三、品牌忠诚度与消费者关系管理

品牌忠诚度是指消费者对特定品牌的偏好程度和重复购买行为，是品牌资产的核心要素之一。品牌忠诚度的形成是一个循序渐进的过程，大致可以分为认知忠诚、情感忠诚、意向忠诚和行为忠诚四个阶段。认知忠诚是指消费者对品牌的了解和熟悉程度，主要来自品牌传播和口碑影响；情感忠诚是指消费者对品牌产生积极的情感联系和心理依恋，主要来自品牌体验和满意度；意向忠诚是指消费者对品牌产生偏好和购买意愿，主要来自品牌认同和信任度；行为忠诚则是指消费者长期、稳定地购买和使用品牌，主要来自品牌习惯和转换成本。

品牌忠诚度对企业的价值主要体现在以下几个方面：第一，忠诚的消费者对品牌价格不敏感，愿意支付价格溢价，为企业创造更高的利润空间；第二，忠诚的消费者更倾向于重复购买，为企业提供稳定的销售收入和市场份额；第三，忠诚的消费者更容易接受品牌延伸，为企业开拓新市场、发展新产品提供支持；第四，忠诚的消费者更愿意主动推荐品牌，通过口碑传播吸引更多的新客户，降低企业的营销成本。因此，提高品牌忠诚度已成为现代企业营销管理的重要课题。

消费者关系管理（Customer Relationship Management，CRM）是企业提高品牌忠诚度的重要工具和手段。消费者关系管理是指企业利用信息技术和数据分析，全面收集和管理消费者信息，深入洞察和满足消费者需求，与消费者建立和维护长期、稳定的合作关系，实现企业价值和消费者价值的共同提升的一系列管理流程和方法。消费者关系管理强调以消费者为中心，通过个性化、差异化的产品和服务，提高消费者满意度和忠诚度，并据此调整企业的市场营销策略和业务流程，实现精准营销、关系营销、一对一营销等新型营销模式。

消费者关系管理的实施一般包括三个步骤：第一，建立消费者信息管理系统，通过多种渠道和方式，收集消费者的人口统计特征、购买行为、服务需求等各类信息，并进行系统整合和数据挖掘，形成全面、动态的消费者画像；第二，开展消费者关系维护活动，根据消费者的特点和需求，提供个性化的产品推荐、优惠促销、售后服务等，提高消费者的满意度和黏性，培育稳定的品牌忠诚度；第三，优化企业的组织流程和绩效考核，将消费者关系管理理念和方法贯穿到市场营销、产品研发、客户服务等各个业务环节，并建立相应的激励和评价机制，调动全员参与消费者关系管理的积极性。通过上述系统化的实施步骤，消费者关系管理能够帮助企业实现与消费者的精准对接和深度互动，不断增加品牌资产和提升市场竞争力。

四、品牌延伸与多元化战略

品牌延伸是指企业利用现有品牌的知名度和美誉度，开发和推广新的产品或服务，进入新的细分市场，实现品牌价值最大化的一种战略。相对于重新创建新品牌，品牌延伸具有诸多优势，如节省营销推广成本、降低新产品风险、丰富产品线、提升品牌形象等。然而，品牌延伸也面临一定的风险和挑战，主要包括以下几个方面：一是跨界风险，即新产品与母品牌在产品属性、技术特征、消费情境等方面差异过大，导致母品牌形象受损或消费者产生认知冲突；二是淡化风险，即过度频繁或不当的品牌延伸，导致母品牌个性和差异化优势弱化，削弱品牌识别度和吸引力；三是负反馈风险，即新产品的品质或性能问题，对母品牌声誉和消费者信任产生负面影响，带来品牌资产贬值。

为了有效规避上述风险，企业在实施品牌延伸时需要遵循以下原则：一是契合原则，即新产品与母品牌在定位、价值主张等方面保持一致，延续母品牌的个性和风格，避免定位混淆或形象割裂；二是互补原则，即新产品与母品牌在技术、渠道、客户等方面形成互补和协同，发挥母品牌的溢出效应，实现资源共享和规模经济；三是创新原则，即新产品在功能、设计、体验等方面体现独特性和创新性，满足消费者的多元化需求，巩固母品牌的领先地位和竞争优势；四是防御原则，即审慎评估新产品的市场前景和竞争态势，做好风险防控和应急预案，避免对母品牌造成重大负面影响。

在品牌延伸的基础上，一些企业进一步采取多品牌战略，即在不同的细分市场和产品领域，分别创建和经营多个独立的品牌，形成差异化、专业化、精耕细作的发展格局。多品牌战略的主要优势包括：一是满足细分市场的多样化需求，提供差异化的产品和服务组合，扩大市场覆盖面和占有率；二是分散单一品牌的市场风险，提高企业的抗风险能力和可持续发展能力；三是实现品牌差异化定位，避免同质化竞争，维护品牌个性和识别度；四是培育多元化的品牌资产，提高企业的整体价值和市场地位。

需要指出的是，多品牌战略在带来诸多优势的同时，也对企业的管理能力提出了更高要求。首先，多品牌的定位、传播、销售等都需要投入大量的资源，可能导致企业资源分散、战线过长的问题，需要企业在整体战略层面进行统筹协调和优化配置。其次，多品牌之间可能存在一定的相互竞争和冲突，需要企业建立有效的品牌协同机制，明确各品牌的边界和定位，避免内耗和恶性竞争。再次，多品牌的管理涉及产品开发、渠道建设、营销推广等多个环节，需要企业建立专业化、精细化的品牌管理体系，提高品牌运营效率和管控水平。最后，多品牌战略还需要与企业的整体发展战略相匹配，既要发挥品牌专业化、差异化的优势，又要实现企业整体的规模效应和协同效应，推动企业的可持续发展。

第三节　营销策略与经济发展的互动

一、产品策略与市场发展

产品策略是营销组合策略的核心要素，直接决定了企业的市场定位和竞争优势。产品策略的制定需要综合考虑市场需求、技术发展、竞争态势等因素，不断推陈出新，满足消费者日益多样化、个性化的需求。同时，产品策略的有效实施也能够引领市场潮流，创造新的消费需求，推动经济社会的持续进步。

第一，产品创新是引领市场发展的关键。在当今瞬息万变的市场环境中，唯有不断进行产品创新，才能保持竞争优势，开拓新的增长空间。产品创新可以分为渐进式创新和颠覆式创新两类。渐进式创新是在现有产品基础上，对产品的功能、性能、外观等进行局部改进和优化，如每年推出的新款手机、小幅升级的家用电器等。渐进式创新的优势在于风险较低、周期较短、成本较低，能够快速响应市场需求变化，维持产品的市场竞争力。但渐进式创新的局限性在于创新空间有限，难以应对市场的重大变革。

相比之下，颠覆式创新则是从根本上改变了现有的技术路线和商业模式，带来全新的产品形态和消费体验，如智能手机对传统手机的颠覆、移动支付对传统支付方式的颠覆等。颠覆式创新通常需要企业具备前瞻性的战略眼光和持续投入的研发实力，面临更大的不确定性和风险。但一旦成功，就能开拓全新的市场空间，引领行业发展方向，赢得先发优势和竞争主导权。当前，新一轮科技革命和产业变革正在蓬勃兴起，5G、人工智能、物联网、区块链等新技术不断涌现，为产品创新提供了广阔的想象空间，企业必须加大产品创新力度，抢抓发展机遇，推动经济高质量发展。

第二，产品组合决定了企业的市场竞争力。产品组合是指企业为满足不同细分市场需求，提供的一系列相关产品的集合。产品组合策略的核心是实现产品线的合理搭配和动态优化，在产品广度、长度、深度等方面做出平衡，既要满足消费者的一站式购物需求，又要实现规模经济效应，避免因产品线过于庞杂导致的资源浪费和营销风险。

第三，垂直一体化组合，即企业通过并购、自建等方式，将产业链上下游环节纳入自身业务体系，强化各环节之间的协同和控制，如富士康集团从电子代工制造向芯片设计、零部件生产等领域延伸。这种策略有利于企业掌控关键资源，增强供应链管理能力，提高生产效率和产品质量，但也存在资本投入大、管理难度高、经营风险大等问题。

第四，非相关多元化组合，即企业跨越既有业务领域，进入全新的产品市场，如万科从房地产开发进入农业、物流等领域。这种策略能够最大限度地分散风险，开拓增长空间，但也面临产业协同性差、管理难度大等挑战。

第五，品牌建设是产品策略的重要内容。品牌是一种重要的无形资产，凝聚了企业的声誉和形象，代表了产品的品质和价值主张，对于塑造产品差异化优势、培养消费者忠诚度具有重要意义。当前，消费者的品牌意识日益增强，品牌溢价能力持续提升，品牌已经成为影响消费者购买决策的关键因素。因此，企业必须高度重视品牌建设，加强品牌管理，提升品牌价值，将品牌打造成为核心竞争力。

具体而言，品牌建设需要把握以下要点：一是明确品牌定位。品牌定位是指在目标消费群体心目中塑造品牌独特的认知和联想，体现出品牌的个性和价值取向。科学的品牌定位需要深入洞察市场需求，了解竞争对手动向，找准自身优势，并用简洁、生动的语言表述出来。二是统一品牌形象。品牌形象是消费者对品牌感知的集中反映，包括品牌名称、标识、口号、包装、广告等多个要素。塑造统一、鲜明的品牌形象，有助于提高品牌辨识度，强化品牌记忆，培育品牌美誉度。三是丰富品牌内涵。品牌内涵是指品牌所传达的文化价值和精神特质，是品牌的灵魂所在。丰富品牌内涵，需要从产品品质、服务体验、社会责任等方面，为品牌赋予更多正面的情感价值，使品牌与消费者形成共鸣。四是创新品牌传播。品牌传播是树立品牌形象、提升品牌影响力的重要手段。在新媒体时代，品牌传播日益呈现出数字化、社交化、内容化的特点，企业必须创新传播理念和方式，加强与消费者的互动，借助KOL（关键意见领袖）、短视频、直播等新型传播形态，精准触达目标受众，赢得主流市场的青睐。

第六，绿色环保已成为产品策略的重要导向。当前，以绿色、低碳、循环为特征的经济发展方式正在兴起，可持续发展已成为全球共识。在此背景下，消费者的环保意识不断提升，对产品的环保属性日益关注，绿色产品、有机产品、节能产品的市场需求持续增长。因此，将绿色环保理念融入产品设计、生产、包装等环节，开发和推广绿色产品，已经成为现代企业的必然选择。

一方面，企业要加强绿色设计，从产品全生命周期角度出发，在原材料选择、生产工艺、包装设计等环节，最大限度地减少资源消耗和环境影响，提高产品的绿色属性和环保效能。另一方面，企业要加强绿色营销，通过环保认证、贴节能标识等手段，向消费者传递产品的环保价值，引导绿色消费，提升品牌的环保形象。同时，企业还要履行环保责任，积极参与环保公益活动，推动行业绿色发展，展现负责任的企业形象。

二、价格策略与消费者感知

价格是营销组合中最直接、最敏感的因素，对于吸引消费者、刺激需求、获取利润具有直接影响。科学的价格策略需要在考虑企业成本、消费需求、竞争状况等因素的基础上，设定合理的价格水平和变动区间，最大化企业的长期利润。同时，价格策略的制定也要充分考虑消费者的价格感知和心理预期，避免引起消费者的抵触和流失，维护良好的客户关系。

首先，成本是价格决策的基础。产品的定价必须以成本为基础，确保企业的生存和发展。一般而言，产品价格必须高于平均总成本，才能实现盈利；同时，产品价格也不应显著高于边际成本，否则会导致产能闲置和效率损失。因此，准确核算和控制成本是实施有效价格策略的前提。企业要建立完善的成本核算体系，准确归集和分配各项成本费用，为价格决策提供可靠依据。

同时，企业要加强成本管控，通过规模经济、工艺改进、供应链优化等手段，不断降低生产和运营成本，为价格调整创造空间。

其次，需求是价格决策的关键。价格作为需求的调节杠杆，直接影响消费者的购买行为。一般而言，价格与需求呈现反向变动关系。价格上升，需求减少；价格下降，需求增加。因此，企业要深入分析市场需求的价格弹性，即需求对价格变动的敏感程度，据此制定差异化的价格策略。对于需求价格弹性小的产品，如医药、烟酒等，可以采取溢价策略，提高利润率；对于需求价格弹性大的产品，如日用消费品等，可以采取渗透定价，快速抢占市场份额。当然，价格弹性会随着时间和市场的变化而变动，如在经济衰退期，消费者的价格敏感度普遍提高，奢侈品等高端产品的需求弹性会明显上升。因此，企业要密切关注市场形势，动态调整价格策略，把握需求变化规律。

再次，竞争是价格决策的现实约束。在充分竞争的市场环境下，价格很大程度上由市场决定，个别厂商很难对市场价格产生影响。因此，企业必须审时度势，根据竞争态势和自身优劣势，相应调整价格策略。一般而言，企业可以采取以下几种应对策略：一是适度降价，通过价格优势吸引消费者，扩大市场份额；二是维持价格，通过差异化经营，避免价格战，保持利润空间；三是适度涨价，通过创新产品，开拓高端市场，提升品牌溢价能力。同时，企业还要注重价格的动态管理，根据产品生命周期、竞争态势等因素，及时调整价格水平，把握有利时机，赢得竞争优势。

最后，消费者感知是价格策略的重要考量。消费者感知价值是指消费者对产品效用的主观评价，是影响其购买决策的关键因素。一般而言，消费者感知价值由产品价格和品质两个因素决定。价格越低、品质越高，消费者感知价值就越大，购买意愿就越强烈。反之，则购买意愿下降。因此，企业要注重提升消费者感知价值，在价格与品质之间实现平衡，最大化消费者效用。一方面，要加强品质管理，不断改进产品性能，提高产品品质，为价格策略提供支撑；另一方面，要加强价值传播，通过广告、促销等手段，向消费者传递产品价值，塑造良好的产品价格形象。

当然，消费者的价格感知也会受到诸多因素的影响，如参考价格、支付方式、捆绑销售等。参考价格是指消费者对产品合理价格区间的心理预期，会直接影响其对实际售价的接受程度。因此，企业要运用利用参考价格效应，通过设置相对高昂的原价，营造优惠的氛围，吸引消费者购买。支付方式是指消费者的付款方式，如货到付款、信用卡分期等，会影响其价格敏感度。一般而言，预付款方式会提高价格敏感度，赊销方式则会降低价格敏感度。捆绑销售是指将不同产品组合在一起销售，如家电厂商捆绑销售电视和音响等。捆绑销售能够模糊消费者对单一产品价格的感知，提高其购买意愿。因此，企业要综合运用这些营销手段，引导和优化消费者的价格感知，促进购买转化。

三、促销策略与市场反应

促销是指企业采取短期性的诱因和激励手段，刺激消费者的购买行为，达成既定营销目标的各种活动。促销是营销组合策略的重要组成部分，对于扩大销售、引导消费、清理库存、提升美誉度等具有直接作用。因此，制定科学、有效的促销策略，对于企业把握市场脉搏、快速响应消费需求、赢得竞争优势至关重要。

传统的促销手段主要包括价格折扣、赠品、有奖销售、积分兑换等，这些手段通过直接的经济刺激，诱发消费者的冲动性购买。然而，随着消费者理性意识的增强和促销手段的泛滥，传统促销的效果日渐式微。消费者对频繁的促销产生审美疲劳，对过度依赖促销的品牌失去信任，加之竞争对手的价格跟随和模仿，使得企业难以从促销中获得持续的竞争优势。因此，企业必须创新促销理念和方式，优化促销的时间、地点和方式，从"以价换量"向"以情促销""以智促销"等方向转变。

首先，社交媒体已成为促销的新阵地。随着移动互联网的普及和社交平台的兴起，消费者的信息获取和交互模式发生了深刻变化。相比于被动接受促销信息，消费者更愿意主动参与促销互动，分享促销体验。因此，企业要充分利用微博、微信、短视频等社交媒体，开展形式多样的社交促销活动，加强与消费者的深度互动，提升品牌关注度和美誉度。例如，某服装品牌通过微博发起"晒照赢大奖"的活动，鼓励消费者上传穿搭照片并@好友，在扩大品牌曝光度的同时，引发消费者的自主传播，收获了良好的促销效果。

其次，情感营销已成为促销的新思路。随着营销环境的变迁，单纯的价格诱惑已难以打动消费者。消费者更看重品牌与自身的情感联系，渴望从购物体验中获得情感满足和心理慰藉。因此，企业要注重在促销中融入情感元素，通过温情、幽默、励志等多种情感诉求，引发消费者共鸣，拉近心理距离。例如，某巧克力品牌在情人节前夕，推出"用一块巧克力，表达一份心意"的主题促销，通过限量版包装和温馨的文案，引发消费者对爱的感悟和表达，获得了广泛的好评和传播。

再次，智慧零售已成为促销的新趋势。随着大数据、人工智能等新技术的发展，企业的促销模式正在从"大规模粗放"向"小批量精准"转变。通过收集和分析消费者的行为数据，企业能够洞察其个性化需求，预测其购买意向，从而实现精准营销和个性化促销。这种智慧化的促销不仅能够提高销售转化率，节约促销成本，还能够提升顾客满意度和忠诚度。例如，亚马逊就善于利用大数据技术，对消费者的浏览、收藏、购买等行为进行跟踪分析，据此向消费者推送个性化的商品推荐和促销优惠，大大提高了销售效率。

最后，体验式促销已成为新的发展方向。随着消费升级的深入，消费者更加注重购物过程中的参与感、互动性和娱乐性，希望获得更加丰富、难忘的消费体验。因此，企业要创新促销形式，通过情境营造、游戏互动、沉浸体验等方式，让消费者在促销中收获惊喜和快乐，激发其参与热情和购买冲动。例如，迪士尼乐园就善于利用各种主题活动和体验项目，营造梦幻、欢乐的游园氛围，让游客在参与互动和体验服务中感受到独特的魅力，从而带动周边商品的销售。

当然，促销策略的有效性还取决于市场反应的及时监测和动态优化。企业要建立完善的促销效果评估体系，跟踪市场反应数据，包括销售额、客流量、转化率、客单价、重复购买率等关键指标，科学评估各项促销活动的投入产出效果。同时，要根据市场反应动态调整促销策略，对效果好、反响热烈的促销活动及时跟进和优化，对效果差、投入大的促销活动果断叫停和总结，形成持续改进、精益管理的良性循环。只有以市场为导向，以数据为依据，以创新为驱动，促销策略才能真正成为企业打开市场，赢得消费者的利器。

四、分销渠道与市场覆盖

分销渠道是指企业将产品从生产地向消费地转移的所有机构和个人的集合，是连接生产与消费的桥梁纽带。分销渠道的合理设计和有效管理，对于扩大市场覆盖率、控制流通成本、提高客户满意度具有决定性作用。因此，企业要高度重视分销渠道建设，根据产品特性、目标市场、竞争格局等因素，构建与之相适应的分销渠道体系，实现销售网络的科学布局和高效运作。

首先，直销与间销是两种基本的分销模式。直销是指企业直接面向最终消费者销售产品，省去中间环节，如专卖店、网上商城等。直销的优势在于有利于企业掌控销售过程，强化品牌形象，获取高毛利，但也面临覆盖范围窄、管理成本高等问题。间销则是指企业通过一级或多级中间商，将产品送达最终消费者手中，如批发商、代理商、零售商等。间销的优势在于有利于企业借力打力，迅速扩大市场，降低库存风险，但也面临渠道控制弱、价格体系乱等挑战。

在实践中，许多企业往往结合两种模式，形成混合分销渠道。一方面，利用直销渠道树立品牌旗舰，展示品牌形象，收集需求信息；另一方面，利用间销渠道实现规模化、低成本的铺货和配送。尤其是在互联网时代，越来越多企业开始重视线上线下渠道的融合，通过大数据分析和供应链协同，打通线上线下的信息流、物流、资金流，实现全渠道运营和精准营销。

其次，分销渠道的长度和宽度设计至关重要。渠道长度是指产品从生产者到消费者所经过的分销层级数，如零级渠道（直销）、一级渠道（一个中间商）、二级渠道（两个中间商）等。一般而言，渠道层级越多，覆盖范围越广，渗透能力越强，但也意味着渠道成本高，控制难度大，反应速度慢。因此，企业要根据产品属性和目标客户的分布特征，合理设计渠道长度。如家电等大件商品多采用一级渠道，而日用品等小件商品则常采用多级渠道。

渠道宽度是指在每一级分销层级上使用的中间商数量，如密集式分销（大量中间商）、选择式分销（部分中间商）、独家分销（一个中间商）等。一般而言，渠道宽度越大，品牌知名度越高，市场占有率越大，但同时也意味着渠道管理难度大，价格体系容易混乱。因此，企业要综合考虑营销战略、目标市场、品牌调性等因素，合理设计渠道宽度。如奢侈品多采用独家分销，以彰显品牌的稀缺性；而日用消费品则多采用密集分销，以追求最大的销量和占有率。

再次，分销渠道成员的选择和激励至关重要。分销渠道成员是指渠道体系中的所有参与者，既包括企业内部的销售人员、技术支持等，也包括外部的加盟商、经销商等。渠道成员的素质和能力直接关系到渠道的组织绩效，因此企业必须重视渠道成员的选择、培训、评估和激励，最大限度地调动其积极性，发挥其销售潜力。

一是要建立科学的渠道成员选择标准，从资质、规模、信誉、专业性等方面考察和遴选渠道成员，优中选优，适者生存。二是要加大渠道培训力度，针对不同层级、不同区域的渠道成员，提供产品、营销、管理等方面的系统化培训，提升其综合业务能力。三是要建立完善的渠道成员评估机制，从销售业绩、服务质量、合作态度等方面，定期考核渠道成员的工作表现，及时淘汰不合格者，激励优秀者。四是要创新渠道激励方式，在传统的返点、奖金、旅游等物质激励的基础上，注重精神激励和情感激励，增强渠道成员的认同感和归属感，实现企业与渠道的共赢发展。

最后，数字化和智能化是分销渠道发展的大势所趋。随着移动互联、物联网、大数据、人工智能等新一代信息技术的快速发展，分销渠道正在从传统的"人找货"向数字化的"货找人"转变，从粗放的经验运作向智能的精细化运营升级。这就要求企业必须加快渠道数字化转型步伐，利用新技术新工具赋能渠道管理，推动渠道运营从"堆资源"向"巧用数据"转变。

一是要加快推进渠道信息化建设，包括电子商务平台、移动营销系统、客户关系管理（CRM）系统等，打通线上线下渠道壁垒，实现销售行为和客户信息的实时采集和共享。二是要提升渠道数字化运营能力，利用大数据、云计算等技术，对客户特征、需求趋势、库存周转等进行智能分析，优化资源配置，提高供应链响应速度。三是要创新数字化营销模式，利用微信小程序、直播带货、社交电商等新型互动工具，实现渠道成员与消费者的无缝连接，提供个性化、场景化的购物体验。四是要加强数字化生态建设，整合产业链上下游合作伙伴，实现设计、生产、营销、服务等环节的数据共享和业务协同，构建数字化的渠道共享平台和产业生态圈。

总之，在数字经济时代，分销渠道的变革已成为企业实现营销变革和商业模式创新的关键所在。企业只有顺应新技术、新业态、新模式的发展趋势，加快推进渠道数字化、智能化、平台化转型，才能真正实现渠道下沉、成本下降、效率提升，为企业持续发展提供强大动力。

第四节　数字营销与全球化对经济发展的影响

一、数字营销的内涵与特征

随着移动互联网、大数据、人工智能等新一代信息技术的迅猛发展，数字化浪潮席卷全球，深刻改变了人类生产生活方式，也为市场营销实践带来了根本性变革。数字营销应运而生，成为充分利用数字技术，洞察和满足用户需求，实现营销目标的新型营销模式。与传统营销相比，数字营销呈现出精准、互动、实时、可衡量等鲜明特征，代表了现代营销的发展方向。

首先，数字营销以海量数据为基础，实现了对用户的精准画像和个性化服务。在数字时代，人们在网上浏览、搜索、交易、社交等行为轨迹被实时记录，形成了规模庞大、维度丰富的用户数据。数字营销充分利用大数据技术，多维解构用户特征，预测其潜在需求，进而提供个性化、差异化的产品和服务，实现"千人千面"的精准营销。相比于传统的大众营销，数字营销能够最大限度地减少营销的无差异性和低效率，提高营销投入产出比。

其次，数字营销通过互联网平台，打破了品牌与用户之间的壁垒，实现了充分互动。在传统营销中，品牌通过大众传媒对用户进行单向传播，缺乏双向交流。而在数字营销时代，社交网络打破了品牌与用户的边界，用户可随时随地通过网页、App、小程序等渠道与品牌互动，表达自身的偏好，提供反馈，参与品牌的营销活动乃至产品设计。互动营销让用户真正成为品牌经营的参与者，有助于提升用户黏性和品牌忠诚度。

再次，数字营销能够及时捕捉市场动态，快速响应用户需求。大数据不仅是对用户行为的静态刻画，更是对市场趋势的动态呈现。通过对用户行为数据的实时分析，数字营销可以敏锐察觉市场偏好的细微变化，对热点事件、营销活动等快速反应，并据此动态调整营销策略。这种基于数据驱动的决策机制，使得营销从事后分析转向事中监测、从被动应对转向主动预判，极大提高了营销的时效性和针对性。

最后，数字营销的过程和效果是可量化、可追踪、可优化的。传统营销往往缺乏科学的效果评估，投入产出难以准确衡量。而在数字营销中，从广告投放到用户转化的各个环节都能够被量化记录和分析，营销效果清晰可见。这为营销决策优化提供了科学依据。通过对关键指标的持续监测，调整营销组合策略，能够最大化营销投资回报率（ROI），实现营销资源的最优配置。

综上所述，数字营销代表了现代营销的发展方向，正深刻重塑传统营销的理念、流程和模式，推动形成以用户为中心、数据为驱动、体验为核心的新型营销生态系统。纵观当今时代，数字化、网络化、智能化已成为不可阻挡的时代潮流。站在新的历史起点，深入把握数字营销发展规律，积极顺应技术变革趋势，推动数字营销与实体经济深度融合，对加快构建以国内大循环为主体、国内国际双循环相互促进的新发展格局，推动经济高质量发展具有重要意义。

二、数字营销工具与技术

数字营销是信息技术与营销实践深度融合的产物，其发展与创新离不开前沿技术的支撑和赋能。移动互联、大数据、云计算、人工智能、区块链等新一代信息技术的迭代演进，催生了一系列数字营销新工具、新方法，极大拓展了数字营销的广度和深度，也为营销模式变革提供了持续、不竭的技术动力。

移动互联网是数字营销最重要的基础设施。智能手机、平板电脑等移动终端的普及，4G/5G 通信技术的升级，使得互联网从 PC 端加速向移动端迁移。移动端打破了互联网的时空界限，使得用户可以随时随地接入互联网，享受各类数字服务，这为移动营销创造了广阔的应用空间。移动营销通过将营销信息与服务嵌入到移动应用场景之中，在合适的时间、合适的地点触达目标用户，提供沉浸式、个性化的营销体验，已成为当前数字营销的主战场。

大数据技术则让数字营销有了"洞察之眼"。海量多维的用户行为数据是数字营销的核心资源。大数据处理技术能够快速对海量异构数据进行采集、清洗、分析和挖掘，多维度刻画用户画像，洞悉其行为特征和偏好，预测其购买意向，进而为精准营销提供决策支持。例如，通过分析用户的浏览记录、搜索记录、购买历史，可以给出个性化的商品推荐；通过对自然语言的语义分析，可以理解用户的情感倾向，优化客户服务；通过分析不同营销渠道的投入产出效果，可以实现营销资源的最优配置。大数据让营销不再基于经验和直觉，而是建立在客观数据和科学分析的基础之上。

人工智能技术正在赋予数字营销以智慧。机器学习算法能够从海量复杂的用户行为数据中自动分析提炼规律性认知，对用户进行智能分层，预测其流失风险，评估其终身价值，在此基础上匹配差异化的营销策略。例如，面向高价值用户可以提供专属客服和个性化优惠政策；面向流失风险较高的用户则侧重开展挽留营销。知识图谱、语义分析等技术在智能客服、智能问答等场景得到广泛应用，大幅提高了客户服务的效率和质量。此外，人工智能还在广告投放、销售预测、渠道管理等方面得到创新应用，推动数字营销向智能化、自动化方向演进。

区块链技术有望为数字营销带来变革性影响。区块链是一种去中心化的分布式账本技术，具有不可篡改、可追溯、安全透明等特点。将区块链技术引入数字营销，有望破解当前数字广告领域普遍存在的刷量作假、流量劫持等乱象，重塑广告产业信任机制。通过区块链构建点对点的广告交易系统，可实现广告投放过程的透明可追溯，广告效果的公开验证，从而提高广告主的信任度和投放效率。此外，区块链还可用于构建去中心化的用户身份认证和数据管理机制，实现用户对个人数据的自主可控，提升隐私安全保护水平。

云计算为数字营销提供了高效、经济、弹性的基础设施。云计算通过服务化、弹性化的资源交付模式，使得营销过程中海量数据的存储、计算、分析等需求能够按需获取，按量计费。这大幅降低了营销的 IT 建设成本，缩短了业务上线周期，提高了营销响应速度。同时，依托云计算的超大规模并行计算能力，可实现对海量用户数据的实时处理和秒级响应，为数字营销的个性化、实时性提供了有力支撑。

总之，新一代信息技术是数字营销发展的强大引擎。移动互联网将数字营销的触达范围延伸至每一个移动终端；大数据让营销有了辨识市场的慧眼；人工智能让营销决策更加智能高效；区块链为数字营销生态重构信任基础；云计算则为数字营销提供了高效经济的技术底座。站在新的发展起点，必须加快培育数字营销生态，深入推进数字营销与新一代信息技术的融合创新，促进数字营销向智能化、个性化、体验式方向演进，为高质量发展增添新引擎、注入新动力。

三、数字营销对企业营销管理的影响

数字营销的兴起，不仅意味着营销手段和营销渠道的变革，更意味着营销理念和组织方式的深刻变革。面对数字化、网络化、智能化浪潮带来的新机遇新挑战，企业必须主动求变，重塑营销战略和组织流程，构筑与之相适应的数字化营销能力，实现营销管理的创新升级。

第一，用户导向成为营销决策的根本遵循。在数字时代，企业与用户之间的界限日益模糊，用户价值创造日益凸显。"用户即渠道"成为营销新生态的重要特征，用户主权意识和互动参与热情空前高涨。面对更加分散、个性、敏感的数字化用户，企业必须树立起以客户为中心的营销决策导向，深入洞察和满足客户需求，并通过持续互动，让客户参与到营销全过程中，实现客户价值与企业价值的共创共享。这就要求企业必须打破条块分割的组织壁垒，实现以客户为中心的流程再造，并充分运用大数据、人工智能等手段，提升以客户为中心的智能洞察和快速响应能力。

第二，数字化成为营销组织的必由之路。数字时代，信息爆炸、技术迭代、需求碎片化的特点日益凸显，对营销组织的柔性化、扁平化、智能化提出了更高要求。传统的金字塔式、科层制的组织结构已难以适应数字化营销的需要，企业必须加快向数字化、平台化、生态化的组织形态转型。这就要求企业根据业务需求，合理配置和调整组织资源，打造敏捷高效的营销团队和数字化人才队伍。同时，还要充分应用协同办公、在线会议等数字化工具，优化工作流程，提高组织运营效率。并积极探索大中台战略，实现营销、销售、服务等职能的融合贯通，支撑端到端的数字化营销价值链。

第三，技术驱动成为塑造营销核心竞争力的关键。在数字时代，企业营销的制胜法宝已经从过去的渠道、资源、规模等有形要素，转向数据、技术、智能等无形要素。新一代信息技术的交叉创新和融合应用，极大拓展了营销的广度和深度。大数据让营销决策更加精准，云计算让营销资源配置更加弹性，人工智能让营销过程更加智能，区块链让营销系统更加可信。企业必须加快构建数字化营销的技术底座和应用体系，利用领先技术武装营销，用数字化能力驱动营销创新。这就要求企业高度重视数字化人才的引进和培养，加大数字化营销平台和系统的投入，推进营销数字化转型，并主动拥抱开源、开放、跨界的创新理念，积极参与数字化营销生态的建设。

第四，跨界整合成为营销资源争夺的制高点。数字化浪潮加速了产业边界的融合和行业壁垒的打破，营销领域的跨界整合大潮风起云涌。一方面，不同行业的企业通过跨界营销，实现品牌联名、会员共享、流量互换等资源整合，抱团突围，开拓增量市场。另一方面，互联网巨头凭借流量、数据、场景等优势，不断向线下渗透，积极布局新零售、智慧物流、数字金融等领域，加速线上线下融合，争夺用户时间。跨界整合既是营销数字化变革的结果，也是推动和深化这一变革的动力。企业必须保持开放心态，主动拥抱跨界整合大势，积极寻求内外部资源的优化组合，构建跨界、共生、共赢的数字化营销生态。

总之，数字营销是数字经济时代的大势所趋，是企业生存发展的必由之路。面对数字化、智能化、生态化的新形势新挑战，企业必须以数字化转型为契机，加快构建数字化营销能力，推动营销管理理念、组织方式、流程机制的变革创新，塑造数字时代的核心竞争优势。唯有如此，企业才能在日益复杂多变的市场环境中，准确把握市场脉搏，有效连接和服务消费者，推动业务发展和价值创造再上新台阶。

四、跨文化营销与国际品牌建设

经济全球化不仅意味着商品、服务、资本、技术在全球范围内更加自由便利地流动，也意味着不同国家、不同文化间的交流融合空前加深，市场营销实践必须充分考虑文化差异性的影响。跨文化营销应运而生，成为企业实现国际化经营的关键举措。跨文化营销是指企业在进入不同文化背景的海外市场时，根据当地消费习惯、价值观念、审美偏好等，在4P（产品、定价、渠道、促销）等营销组合要素的设计中做出必要调适，以实现与当地文化的契合，进而为目标市场的消费者所认同和接受。国际品牌的成功塑造，很大程度上有赖于企业跨文化营销能力的高低。

首先，要深入洞察不同国家市场的文化特质。文化是人类在长期的社会实践中形成的生活方式、价值观念、伦理道德、审美情趣等的总和。不同国家由于地理环境、历史传统、宗教信仰等因素的差异，往往呈现出迥异的文化特征。这些差异深刻影响着消费行为和市场反应。因此，跨国企业必须充分认识并尊重市场的文化差异，设身处地理解当地消费者的心理和行为特点，将其作为营销决策的重要依据。只有跳出自身文化的局限，以包容、开放的心态拥抱文化多样性，才能真正贴近海外市场，赢得当地消费者的青睐。

其次，要在产品设计中融入对异域文化的理解。产品是营销的核心，直接承载着品牌的内涵。在跨文化语境中，产品不仅要具备优异的品质，更要体现出对当地文化的敏锐洞察力。比如，一些跨国消费品公司会在重要的节庆时推出应景的文化限定款，激发消费者的文化认同感。这些案例说明，产品本土化不应停留在表面化的设计上，更要深入把握各国文化的独特内涵，使品牌真正融入到当地社会文化生活之中。

再次，要善用社交媒体等数字渠道加强跨文化交流。数字时代，信息传播呈现出去中心化、社交化趋势，社交媒体成为沟通品牌与消费者的重要纽带。相比于传统媒体，社交媒体更加注重平等对话、情感链接，这为跨文化交流提供了更为开放包容的平台。品牌应积极利用微信、小红书、知乎、抖音等社交平台，与不同消费者展开多维互动，倾听不同文化背景下消费者的声音，了解他们的喜好和诉求。同时，社交媒体也是展现品牌文化内涵、塑造国际形象的最佳舞台。品牌可以通过高质量、富创意的社交内容，讲好品牌故事，彰显品牌个性，进而引发受众的情感共鸣，提升品牌的影响力。

最后，还要高度重视海外品牌形象的统一管理。塑造全球统一的品牌形象是国际品牌的至高追求。这不仅有助于降低全球营销成本，更能最大限度地发挥品牌的规模效应，提升品牌溢价能力。但国际市场的高度异质性给统一的品牌形象管理带来挑战。对此，跨国企业应在品牌战略层面凝聚共识，厘清全球化和本土化的边界，既要坚守能够跨越文化界限的核心价值主张，又要因地制宜地优化营销组合。可借鉴"集中化+放权制"的模式，由总部统筹品牌发展战略，制定全球统一的品牌识别系统和传播规范，由区域公司根据所在市场的文化特点，灵活选择与之匹配的营销组合，共同塑造既具备全球一致性又富于本土特色的国际品牌形象。

总之，跨文化营销是实现品牌全球化的必由之路。面对日益多元的国际市场格局，全球品牌必须以文化的视角审视营销行为，充分尊重和包容不同国家的文化差异，将文化洞察贯穿到产品、定价、渠道、传播等营销全过程，通过"全球统一"与"本土灵活"的平衡，塑造具有国际影响力、文化亲和力的全球品牌形象。唯有如此，才能真正走进海外消费者的心理世界，赢得海外市场的广泛认同。这对于我国企业更好地融入全球产业体系、提升国际竞争力具有重要启示意义。

五、数字营销与经济发展的协同效应

数字营销是数字经济发展的重要组成部分，两者相伴相生、互促共进。一方面，数字营销的发展得益于数字经济的蓬勃兴起，移动互联网、电子商务、在线支付、智慧物流等数字产业的发展，为数字营销提供了得天独厚的技术条件和应用场景。数字经济催生的新产业新业态，也为数字营销实践提供了广阔的创新空间。另一方面，数字营销又反作用于数字产业，通过创新的理念方法推动数字产业的优化升级，进而提升数字经济发展水平。由此，数字营销与数字经济形成良性互动，携手共进，共同驱动经济高质量发展。

首先，数字营销有利于激发新的消费需求，拉动内需。当前，我国经济已由高速增长阶段转向高质量发展阶段，正处在转变发展方式、优化经济结构、转换增长动力的攻关期。扩大内需特别是消费需求，是畅通国民经济循环、塑造未来发展新优势的战略基点。而数字营销则可望成为打开消费新空间的钥匙。数字营销利用大数据、人工智能等先进技术，对海量消费数据进行深度挖掘，多维描摹消费者行为轨迹，进而以个性化、场景化的方式精准触达用户，激发新的消费需求。同时，借助直播带货、社群营销、IP 联名等新型数字营销方式，以沉浸式、互动式的消费体验唤醒用户需求，创造消费新热点，大幅提升消费的频次和黏性。可以预见，随着数字营销与实体经济的加速融合，消费市场将迎来新一轮增长，为构建以国内大循环为主体、国内国际双循环相互促进的新发展格局提供持续动力。

其次，数字营销有利于提升中小企业竞争力，培育经济发展新动能。中小企业是国民经济和社会发展的生力军，在增加就业、改善民生、促进创新等方面发挥着不可替代的作用。然而，受资金、技术、人才等条件限制，中小企业往往难以承担高昂的营销成本，品牌影响力和市场竞争力不强。数字营销的兴起，为中小企业突破营销瓶颈、实现跨越式发展提供了新的路径。数字营销相比传统营销，具有投入门槛低、覆盖范围广、效果可视化等特点，使得中小企业能够用较低成本、较短周期实现产品的精准触达和快速转化。例如，中小企业可以借助短视频平台开展产品"种草"，通过直播卖货引爆销量；可利用社群营销聚拢忠实用户，提升产品口碑和复购率；可在电商平台开设旗舰店，借力平台流量实现销售突破。一系列营销新场景为中小企业插上了腾飞的翅膀。可以预见，随着数字营销模式的成熟与普及，一大批富有活力和创造力的中小企业品牌将涌现，成为经济发展的新引擎。

再次，数字营销有利于优化产业结构，推动产业数字化转型。当前，在新一轮科技革命和产业变革的历史交汇期，数字化、网络化、智能化日益成为现代产业体系的显著特征。传统产业数字化转型，是塑造发展新优势、推动高质量发展的关键所在。而数字营销正是产业数字化转型的重要切入点和突破口。一方面，传统企业引入数字营销理念，利用大数据、人工智能等技术改造营销流程，能够显著提升营销管理的精细化、自动化水平，进而倒逼企业数字化转型。另一方面，数字营销推动线上线下渠道加速融合，催生新零售、智慧零售等一系列新业态新模式，成为产业数字化转型的"催化剂"。可以预见，随着数字营销向产业链、供应链深度渗透，必将加速形成线上线下协同、产供销紧密衔接的现代产业体系，为构建现代化经济体系提供有力支撑。

最后，数字营销有利于提升国家文化软实力，助力经济高质量发展。当今时代，文化已日益成为国家综合实力竞争的重要因素。在数字时代，塑造国家文化形象、提升国家文化影响力，迫切需要运用数字营销等新型传播方式。事实上，世界各国都在借助数字平台加紧布局国家形象传播，讲好本国故事，传播本国声音。企业要顺应信息传播变革大势，创新对外传播理念，优化传播渠道，创新表达方式，加快提升国家文化软实力。要利用全球社交媒体平台，生动鲜活地展现一个文明进步、开放包容的中国形象，积极回应国际社会关切，引导国际舆论风向。要发挥数字平台聚合创新资源的独特优势，推动中华优秀传统文化创造性转化、创新性发展，讲好中国故事，传播好中国声音。

第七章　创新管理与经济发展

第一节　创新理论及其在管理中的应用

一、创新的类型与特点

创新是指在已有事物的基础上，通过改进、组合、创造等方式，引入或形成新的事物，从而获得更高经济效益和社会效益的过程。创新是人类社会进步的源泉和动力，是应对外部环境变化、获取竞争优势的关键手段。尤其在当今知识经济时代，创新已成为产业升级、企业发展的决定性因素。因此，深入理解创新的内涵和规律，把握创新管理的理念和方法，对于推动经济高质量发展具有重要意义。

创新具有多样性特征，可以从不同维度对其进行分类。从创新对象来看，可以分为产品创新、工艺创新、服务创新、管理创新等类型。产品创新是指开发新产品或对现有产品进行改进，提高产品的性能、质量、外观等，满足消费者的多样化需求。工艺创新是指采用新技术、新材料、新流程，改进生产工艺，提高生产效率和产品品质。服务创新是指为客户提供全新的服务内容或服务方式，提升服务质量和客户体验。管理创新则是指在经营管理实践中，运用新理念、新方法、新制度，优化业务流程，提高管理效率和效果。

从创新程度来看，可以分为渐进式创新和颠覆式创新。渐进式创新是指在原有基础上，对产品、工艺、服务等进行局部改进和优化，属于量的积累和质的飞跃的统一。渐进式创新风险小、周期短、投入少，能够快速响应市场变化，提升竞争力。颠覆式创新则是指从根本上改变原有的技术路线或商业模式，开创全新的产品形态或消费体验，属于"破"与"立"的辩证关系。颠覆式创新往往源于科技革命或产业变革，需要企业具备前瞻性战略眼光和持续创新能力。

从创新动因来看，可以分为技术驱动型创新和需求拉动型创新。技术驱动型创新以新技术的发明和应用为起点，通过技术创新带动产品、工艺、服务等方面的革新，体现了科技进步推动经济发展的一般规律。如互联网、大数据、人工智能、区块链等新一代信息技术的兴起，正在引发生产方式、生活方式、管理方式的深刻变革。需求拉动型创新则以市场需求为导向，根据消费者偏好和购买行为的变化，不断开发新产品、新服务，满足其功能性和情感性诉求。

综合以上分析可见，不同类型的创新各具特点，但又相互交织、相互促进，共同推动经济社会的进步。企业必须紧跟时代脉搏，准确把握创新形势，因时制宜、因地制宜地选择和组合不同类型的创新，形成系统化、常态化的创新机制，不断增强核心竞争力和可持续发展能力。这就要求企业必须树立全面创新理念，在战略层面统筹谋划，推动技术创新、管理创新、商业模式创新的协同联动，实现创新驱动发展。

二、创新过程与管理模型

创新是一个复杂的系统工程，涉及从创意产生到价值实现的全过程管理。科学认识和把控创新过程的内在规律，对于提高创新效率、规避创新风险、实现创新价值至关重要。长期以来，学术界围绕创新过程开展了广泛而深入的研究，提出了多种解释模型和管理框架，具有重要的理论意义和实践价值。

（一）线性模型

线性模型是最早且影响最为广泛的创新过程理论，主要包括技术推动模型和需求拉动模型两类。

技术推动模型又称"科学研究—技术发明—生产应用"模型，认为创新过程是一个从基础研究到应用开发的线性递进过程。该模型强调科学研究是创新的源头，技术发明是创新的核心，生产应用是创新的归宿，反映了科技进步推动经济增长的一般规律。如果用一个流程式来表示，即：基础研究→应用研究→技术开发→工程设计→生产制造→市场销售。该模型适用于科技密集型产业，如航空航天、生物医药、新材料等，这类产业普遍采用"自主研发"的创新模式，注重原始创新和源头创新。

需求拉动模型则强调市场需求对创新的主导作用，认为创新过程是由市场机会驱动，从市场调研到产品开发的线性过程。该模型以满足市场需求为导向，以缩短开发周期、及时推出新品为目标，反映了需求推动供给、供给创造需求的辩证关系。其基本流程为：市场调研→产品构思→研发设计→工艺准备→生产制造→市场营销。该模型适用于消费品行业，如食品饮料、家用电器、日用百货等，这类行业面向终端大众市场，产品更新换代速度快，普遍采用"需求驱动"的创新模式。

线性模型揭示了创新过程基本环节的递进关系，对于指导企业开展系统性创新具有重要借鉴意义。但线性模型也存在一定局限性：其一，过于强调创新的线性进程，忽视了创新环节间的反馈联系和交互影响；其二，将创新过程简化为单一路径，未能反映创新活动的复杂性、动态性和社会性；其三，割裂了创新与市场的联系，未能准确把握创新成功的关键因素。这就要求研究者必须与时俱进，开拓创新，发展更加符合创新实践需要的新理论、新模型。

（二）交互模型

交互模型是在线性模型基础上发展起来的，强调创新过程中各环节之间的信息反馈和交互作用，突出创新活动的网络化、动态化特征。该模型认为，创新不是简单的线性过程，而是一个螺旋上升、循环往复的过程。创新活动各个环节之间存在复杂的信息流，如市场信息、技术信息、资源信息等，环节之间通过正向联系和反馈控制，动态调整，最终实现创新。因此，交互模型更加注重创新的网络化管理，强调组织内部创新主体之间，组织与外部利益相关方之间的沟通、协调与合作。

交互模型以市场需求为起点，设计开发为核心，将基础研究、工艺开发、生产制造等环节有机串联，形成一个交互迭代的闭环。具体而言，当市场出现新的需求信号时，企业感知到市场机会，从而启动设计开发流程。设计开发活动本身就是一个不断试错、迭代优化的过程，需要来自基础研究、工艺开发等环节的支持。例如，设计方案可能需要新材料的支持，工艺流程可能需要新技术的支撑。同时，设计开发活动也会反作用于基础研究和工艺开发，带动技术创新和工艺创新。设计方案最终形成新产品，投放市场后，还可能产生新的改进创意，再次带动新一轮设计开发。由此可见，创新活动不同环节间会形成频繁的信息反馈，推动创新螺旋式上升。

交互模型还强调企业内外部创新网络的建设。企业内部，要打破部门壁垒，强化技术、生产、营销等部门的协同，建立高效的内部创新网络。企业外部，要加强与高校、科研院所、行业组织的产学研合作，积极融入区域创新网络和全球创新网络。通过内外部创新网络的互动，汇聚各方创新资源，激发持续创新动力。

交互模型虽然突破了线性模型的局限，更加贴近创新实践，但仍存在一定不足。其一，交互模型侧重于刻画创新活动内部各环节间的互动关系，而忽略了外部环境因素的影响，尤其是宏观制度和政策环境等的影响。其二，交互模型对创新网络的表述还比较笼统，对于如何搭建和运作创新网络缺乏明确指引。因此，在交互模型基础上，学者们进一步提出了一些新的创新模型，如开放式创新、用户参与式创新等。

（三）开放式创新模型

开放式创新模型由美国学者切斯布鲁提出，其核心理念是企业应打破"自主创新"的藩篱，主动利用内外部创新资源，促进创新资源的自由流动和优化配置，从而实现创新效率和效益的最大化。在开放式创新模式下，企业内部的创新资源可以通过技术转让、专利许可等方式向外输出，形成新的盈利点；企业外部的创新资源，如高校科研成果、创业团队技术等，也可以为企业所用，带来新的增长点。总之，开放式创新倡导创新无边界，通过开放、共享、互补、共赢，实现创新资源的优化组合和价值放大。

开放式创新模型突破了"自主创新"的路径依赖，为发展外向型、网络化的创新模式提供了理论指导。一方面，它强调企业应树立开放理念，不拘泥于内部资源，善于利用外部力量，如产学研合作、技术引进、兼并收购等，拓展创新源泉，提高创新效率。另一方面，它强调企业应构建开放的创新平台，集聚各类创新主体，促进技术、人才、信息等创新要素的充分流动和优化配置，实现创新资源的开放共享、优势互补。

开放式创新已经成为全球范围内的创新趋势。越来越多的企业意识到，仅仅依靠内部创新已难以应对日益激烈的市场竞争，必须充分利用全球创新资源，构建开放式创新生态系统。开放式创新为企业带来广阔发展空间的同时，也对企业的创新管理能力提出了新的要求，主要体现在：其一，开放式创新更加强调顶层设计和战略引领，要求企业根据发展战略，合理规划内外部资源配置，推动创新战略与商业战略、人才战略、资本战略的协同；其二，开放式创新更加强调跨界协作和生态运营，要求企业善于整合产业链、创新链资源，发挥协同效应，构建利益共享、风险共担的命运共同体；其三，开放式创新更加强调知识产权保护和利益分配，要求企业建立科学的知识产权战略，完善利益分配机制，调动各方创新积极性。

（四）用户参与式创新模型

用户参与式创新模型强调用户在创新中的主体地位和积极作用，认为用户不仅是创新成果的需求者和使用者，更是创新活动的参与者和推动者。长期以来，在传统的生产者主导的创新模式下，用户被视为被动的创新接受者，创新活动主要由生产者主导，用户处于边缘地位。但随着信息技术的发展和消费需求的升级，用户开始越来越多地参与到创新活动中来，成为创新的重要源泉。一方面，生产者为了更好地满足用户需求，开始重视用户体验，倾听用户声音，邀请用户参与产品设计、测试等环节，提高产品的市场响应能力。另一方面，一些领先用户基于自身使用经验，对产品进行改进或二次开发，上传分享自己的创意和方案，形成了"用户创新"的新趋势。

用户参与式创新模型重点关注三类用户：发明型用户、引领型用户和创新型用户。发明型用户专注于产品的功能开发和技术创新，掌握了特定领域的专业知识，能够洞察新技术带来的应用机会，主动开发新功能、新产品，如开源软件社区的开发者们。引领型用户敏锐把握行业发展趋势，率先采用新技术、新产品，并提出改进建议，引领产品不断优化，如数码产品的发烧友群体。创新型用户则善于利用已有产品进行再创新，通过拆解组合、混搭加工等，开发出新的应用场景和使用方法，延展产品价值。

用户参与式创新具有低成本、高效率、持续性等优势。企业通过开放用户参与渠道，集聚大众智慧，能够有效节约创新成本，缩短创新周期，提高创新成功率。同时，通过持续跟踪用户反馈，快速响应用户需求，形成创新闭环，可以大大增强企业持续创新能力。但用户参与式创新对企业的创新管理能力也提出了新的挑战。首先，企业需要建立起与用户共创的理念和文化，加强用户洞察，构建开放、平等、互信的用户关系，形成良性互动。其次，企业需要开发便捷、有效的用户参与渠道和工具，如在线社区、众创空间等，降低用户参与门槛，提高互动体验。再次，企业需要制定合理的激励机制和知识产权政策，尊重和保护用户创新成果，让利于用户，调动其贡献智慧的积极性。最后，企业需要建立创新成果的甄选、整合机制，快速发现和规模化优秀创意，推动创新成果的产业化、商业化，延展创新价值。

三、创新管理的策略与实践

创新已成为引领经济发展的第一动力。面对日益激烈的创新竞争，企业必须系统规划创新管理，在战略、组织、流程、文化等方面系统发力，推动创新管理制度化、规范化、常态化，塑造基业长青的创新优势。以下从创新战略、创新组织、创新文化等方面阐述企业创新管理的策略与实践。

（一）创新战略的制定与实施

创新战略是指企业基于内外部环境分析，审时度势地确立创新发展目标，并围绕目标进行资源配置和全局谋划的行动纲领。科学制定创新战略，是引领企业创新发展的关键一招。首先，企业要立足自身禀赋，深入分析企业在研发、生产、营销等方面的创新能力，辨识创新优势与短板。其次，要放眼外部环境，前瞻性洞察宏观经济形势、产业发展趋势、技术变革方向、市场需求动向等，把握创新机会与挑战。再次，要找准企业发展定位，厘清其在行业价值链和创新链中的位置，明确差异化、专业化的发展路径。最后，要系统规划和动态调整创新目标、创新重点、创新策略、创新路线图等，确保创新战略与总体发展战略、职能部门战略、业务单元战略的一致性，形成"四位一体"的纵向递进和横向协同。

在制定创新战略时，企业应注重"技术战略"和"市场战略"的平衡、"自主创新"和"开放创新"的结合。一方面，要坚持以市场为导向，紧密贴合用户需求，发挥需求拉动型创新的牵引力。另一方面，要加强前沿技术跟踪，超前布局技术创新，发挥技术驱动型创新的引领力。此外，既要重视自主研发这一核心竞争力，强化原始创新、集成创新能力，又要善于利用外部资源，发挥大企业引领、中小企业围绕、高校院所支撑的协同创新合力。

在实施创新战略时，企业要建立健全创新投入、创新绩效考核等配套机制，强化过程管理和动态优化。在创新投入上，要形成稳定持续的科研资金投入机制，完善多渠道、多层次的投融资体系，并加大创新人才引进和培养力度。在创新绩效考核上，要制定科学的评价指标和奖惩机制，将创新绩效与薪酬晋升、资源分配挂钩，激发全员创新活力。在创新风险防控上，要加强知识产权保护，完善创新容错机制，宽容创新失败，鼓励再次创新。

（二）创新组织的设计与运作

创新组织是企业开展创新活动的基本单元和载体。组织架构和职责分工决定了创新资源配置的效率和效果，因此组织创新是推动技术创新、产品创新、管理创新的重要基础。传统的"金字塔型""科层制"组织结构已难以适应创新环境下的柔性化、扁平化要求，企业必须探索形成与创新范式相适应的新型组织形态。从横向维度看，创新组织呈现出跨部门、跨业务的集成化趋势，强调研发、生产、营销等部门的紧密协作。从纵向维度看，创新组织呈现出分层分级、相对独立的专业化趋势，涌现出卓越研发中心、创新孵化器、事业部制等多种形态。

高绩效的创新组织需要处理好"稳定性"与"灵活性"的平衡。一方面，创新离不开专业化分工和规范化流程，需要相对稳定的组织结构和管理体系，以防止决策随意和资源浪费。另一方面，创新又需要及时应对外部环境和任务要求的变化，调整优化组织构型，快速响应市场机会。这就要求企业在相对稳定的宏观组织框架下，嵌套灵活多变的微观创新单元，实现"平台+模块"的动态协同。可以借鉴项目管理、流程再造等先进管理工具，实现组织要素的动态组合与灵活配置。同时，要建立健全跨层级、跨部门的信息共享和协同机制，搭建开放的协作平台，畅通组织间的沟通渠道，减少内耗，让创新组织在分工与协作中实现"1+1>2"的整体效能。

（三）创新文化的塑造与培育

创新文化是企业持续创新的软实力和内生动力，对于推动全员创新、激发创造活力具有潜移默化的作用。创新文化通常包含价值理念、行为规范、物质载体等要素，其核心要义是尊重人的创造性，宽容失败，崇尚协作，注重分享。优秀的创新文化，能够激励员工挑战权威、突破常规、追求卓越，形成心往一处想、劲往一处使的创新合力。

塑造良好创新文化，首先要确立"以人为本"的价值理念，坚持"以奋斗者为本"，充分尊重和信任员工，营造平等、开放、包容的人文环境。其次，要倡导"鼓励创新、宽容失败"的创新理念。创新从来都不是一蹴而就的，而是在反复试错中不断实现的。组织应大力表彰创新先锋，宽容对待创新失败，建立容错纠错机制，为员工营造安全、踏实的创新环境。最后，要营造"协作共享"的创新氛围。创新是多学科、跨领域的复杂系统工程，需要不同背景、不同层级人员的通力合作。组织应打造开放、透明的工作氛围，加强横向协作，推动知识共享，让员工在思想交锋中碰撞出创新的火花。

创新文化的塑造需要领导者身体力行、持之以恒。一方面，领导者要树立创新意识，带头示范，用行动影响员工。要善于捕捉新思想、新观点，保持与员工的平等对话，激发基层创新活力。另一方面，要将创新文化植入到选人用人导向、考核奖惩机制中，确保创新文化落地生根。同时，要注重创新文化的仪式感和形象标识，增强员工的归属感和认同感。如设立"创新奖"、组织"创新大赛"、建设"创新广场"等，营造创新文化的可视化、互动化场景，使创新文化鲜活起来、立体起来。

在塑造创新文化的过程中，企业还应加强创新能力建设，完善知识管理体系，夯实创新文化的物质基础。一方面，要大力开展创新方法培训，普及创新工具箱，提升员工发现问题、分析问题、解决问题的系统性思维。另一方面，要健全知识管理系统，推动知识的获取、分享、更新，让知识在组织内部充分流动起来。此外，还应加强外部交流合作，学习借鉴先进经验，为创新文化注入新鲜血液。

四、创新与组织学习的互动

在知识经济时代，知识已成为最重要的生产要素，学习已成为最核心的竞争能力。组织学习是创新的重要基础，二者相辅相成、互为促进。一方面，组织学习为创新提供了知识积累和能力储备。通过学习，组织能够获取新知识、新技能，优化完善认知模式，增强洞察力和前瞻性思维，从而激发新的创新灵感。同时，学习还能帮助组织总结创新实践的经验教训，萃取规律性认识，固化组织知识库，奠定组织持续创新的基础。另一方面，创新活动也会极大地促进组织学习。创新是一个从无到有、从有到优的知识创造过程。在创新过程中，组织成员通过探索、试错、迭代等，不断获取新信息，产生新洞见，形成新知识。创新成果的推广应用，又会带来新的实践场景，引发新一轮反思和学习，推动组织知识库的更新迭代。由此，创新与学习形成良性循环，使组织的认知能力和创新能力同步提升。

组织学习分为适应性学习和创新性学习两大类型。适应性学习是指组织在现有知识框架下，通过单循环反馈不断修正错误、完善行为的过程。其目的是更好地适应环境，提高组织绩效，但并未触及组织的深层价值观和思维模式。创新性学习则是指组织突破既有的思维定式，以开放性思维审视自身的价值观念、行为逻辑乃至存在意义，进而实现自我否定、自我超越的过程。其核心是通过双循环反馈，对组织的使命愿景、核心价值观等进行反思性重构，形成新的行为框架和价值取向。创新性学习通常伴随着组织的深刻变革，代表了组织的根本性创新。

企业要实现内生式、可持续的创新发展，必须重视组织学习能力建设，营造良好的学习型组织氛围，将学习融入组织运行的方方面面。具体而言，可以从以下几个方面着手：

第一，树立团队学习理念。组织学习不是个体学习的简单汇总，而是组织成员在共同愿景指引下，通过彼此启发、相互促进，形成集体智慧的过程。领导者要身先士卒，带头学习，树立榜样。要打造学习型团队，营造"愿学、敢学、善学、乐学"的学习氛围。要建立开放、平等、互信的团队关系，鼓励成员畅所欲言，善于倾听，尊重差异，在民主讨论中实现思想的交流碰撞、凝聚共识。

第二，健全学习机制。要完善培训体系，开展多层次、多渠道、多方式的培训教育，满足不同岗位、不同层级员工的学习需求。既注重"走出去"，支持员工到高校、科研院所等深造学习，也注重"引进来"，邀请行业专家、学术大咖等开展内部讲座、研讨。既注重正规教育，系统学习专业领域知识，也注重基于实践的非正规学习，在工作中学习，在学习中实践。此外，要搭建网络学习平台，创新学习形式和内容，调动员工的学习主动性和参与性。

第三，强化反思总结。要建立健全总结反思机制，鼓励员工养成及时复盘、系统总结的良好习惯。一方面，在重大项目实施过程中，要定期组织阶段性小结，及时发现问题、解决问题，形成闭环改进。另一方面，要重视项目后评估工作，全面总结项目成败得失，提炼关键成功要素和规律性认识，用于指导后续工作。要注重失败案例的剖析反思，甄别深层次原因，汲取经验教训，避免重蹈覆辙。

综上所述，组织学习是企业突破自我、持续创新的重要法宝。唯有营造学习型组织，系统规划组织学习，打造学习与创新的良性循环，企业才能在多变的环境中保持敏锐的洞察力、快速的反应力、持久的创新力，从而在新一轮竞争中抢得先机、赢得主动。这需要企业上下同心、众志成城，将学习创新融入企业文化和行为方式之中，使之成为组织的核心能力和价值追求。

第二节　企业创新能力与经济发展

一、创新能力与企业竞争力

在知识经济时代，创新已成为引领企业发展的核心驱动力。创新能力不仅关乎企业的生存发展，更关乎国家和区域经济的转型升级。企业创新能力是一个多维度、动态性的复合体系，涵盖了企业识别市场需求、整合创新资源、开发新技术新产品、优化资源配置组合、应对风险挑战等多个方面的综合能力。可以说，创新能力既是企业核心竞争力的应有之义，又是支撑企业核心竞争力形成和发展的关键要素。

从宏观层面看，创新是经济增长和社会进步的决定性因素。正是源源不断的创新，推动了资本主义经济体系的发展演进。创新通过"创造性破坏"，打破旧的经济结构和利益格局，推动生产要素在更大范围内优化配置，进而带来生产率和社会福利水平的整体跃升。从这个意义上说，创新是社会经济系统永葆活力的源泉。纵观世界主要经济体，无不把科技创新摆在国家发展全局的核心位置，力图在关键领域、前沿领域抢占先机。

从微观层面看，创新能力是构筑企业持续竞争优势的关键。企业竞争力是指企业在行业竞争中获得优势地位、实现盈利目标的综合实力，既包括企业有形资源如技术、设备、资金等硬实力，也包括品牌、人才、制度等无形资源软实力。传统理论认为，企业的竞争优势主要源自成本领先或差异化两大基本策略。然而，随着市场竞争加剧，单纯依靠要素投入驱动增长的路径难以为继，只有依靠创新驱动，在动态竞争中保持优势地位，企业才能基业长青。一方面，技术创新是引领产业变革的先导力量，代表了行业发展的前沿方向。另一方面，产品创新是企业焕发生机、把握市场机遇的利器。新产品开发有助于企业把握消费者需求变化，差异化满足细分市场，培育新的盈利增长点。流程创新、管理创新等有助于企业提质增效，优化资源配置，增强发展韧性。

企业创新能力的形成是一个系统工程，既取决于企业自身禀赋，也受外部环境深刻影响。从内部因素看，企业创新能力根植于前瞻的战略规划、持续的研发投入、完善的创新机制、优秀的创新人才等。这就要求企业必须将创新上升到战略高度，完善创新制度安排，打造精干高效的研发团队，塑造鼓励创新、宽容失败的企业文化，将创新融入企业发展的全过程各领域。从外部因素看，政府的政策引导、市场化改革进程、行业竞争态势、社会文化氛围等宏观环境因素无不影响着企业创新的积极性和有效性。良好的创新生态有利于实现创新资源的社会化配置、市场化定价，推动各类创新主体紧密合作、互利共赢，是创新活动高效开展的"沃土"。可见，企业创新能力的培育既要发挥企业的主观能动性，也离不开政府和社会的精准支持。

总之，创新能力业已成为衡量企业核心竞争力的关键要素，事关企业生存发展乃至国家竞争力的全局。对标世界一流，中国企业创新能力总体上还有较大提升空间。这就要求企业必须准确把握世界科技和产业竞争态势，将创新摆在发展全局的核心位置，加快构建市场导向的技术创新体系，在开放合作中提升协同创新能力，推动关键核心技术实现新突破，助力产业迈向全球价值链中高端。同时，必须加快营造良好的创新生态，强化企业创新主体地位，完善支持创新的普惠性政策，破除制约创新的体制机制障碍，为企业轻装上阵、脱颖而出创造有利条件。

二、研发投入与创新产出的关系

在知识经济时代，以知识为基础的无形资产日益成为现代企业的核心资源禀赋。研究与开发活动作为知识创造的主要载体，对企业创新绩效具有决定性影响。长期以来，学术界普遍关注研发投入强度与创新产出绩效之间的关系。大量实证研究表明，企业研发投入与专利产出、新产品销售收入等创新指标之间存在显著的正相关关系。而在宏观经济层面，研发投入与生产率增长、经济增长之间也存在长期均衡关系。纵观全球，各主要经济体无不高度重视研发投入，将其视为国家创新驱动、塑造发展新优势的关键抓手。

然而，必须看到，研发投入与创新产出之间并非简单的线性关系，而是受到诸多因素的影响和制约。首先，研发活动本身具有很强的不确定性、风险性和滞后性。并非所有的研发项目都能产出预期成果，风险与收益往往不对称。一些基础性、战略性的研发项目，动辄需要十年甚至数十年的不懈努力，期间需要企业具备强大的资金实力和风险抵御能力。其次，研发投入的结构质量直接影响创新绩效。通常，应用研发的产出效率要高于基础研究。而在应用研发中，与市场需求结合更加紧密的项目，其产出效率又明显高于脱离市场的技术导向型项目。再次，研发组织模式对创新绩效的影响日益凸显。在开放式创新时代，外部协作研发日益成为企业研发组织的重要形态。与高校、科研院所联合研发，既有利于整合外部智力资源，又有利于分散研发风险，提高研发效率。最后，研发主体的属性特征对创新绩效影响显著。不同所有制性质、不同规模、不同所处行业的企业，其研发投入产出的规律往往不尽相同。这就对研发绩效测度提出了更高要求，需要在一般性指标之外，设置更多反映产业特点、企业属性的个性化指标。

从宏观政策视角看，优化配置研发资源亟须处理好政府和市场的关系。长期以来，政府财政科技投入在我国研发投入中占据主导地位。必须按照科教兴国战略、人才强国战略、创新驱动发展战略的总体部署，遵循市场规律，发挥好政府在市场失灵领域的关键调节作用，完善政府投入与市场投入的协同联动机制。在政府投入方面，要加大基础研究投入力度，通过设立国家实验室、重大科技专项等方式，聚焦关键核心技术、前沿引领技术开展长期持续攻关。在激励企业研发方面，要完善普惠性政策，加大研发费用税前加计扣除、高新技术企业税收优惠等政策实施力度。

从微观管理角度看，增强企业研发投入产出效率，是夯实创新根基的关键因素。这就要求企业必须树立系统思维，从战略规划、组织管理、风险控制、绩效评估等环节系统发力，着力构建高产出、可持续的企业研发生态。一是要将研发创新融入企业发展战略，根据行业特点、竞争态势，合理规划基础研究、应用开发、成果转化各环节的投入侧重，科学制定中长期技术路线图和项目管理计划。二是要建立健全研发组织体系，完善跨部门协调机制，既要发挥企业内部研发团队的主力军作用，又要善于利用外部智慧，与高校院所、行业协会开展产学研合作。三是要强化研发过程管控，加强技术风险、资金风险、市场风险防范，对接风投、创投机构，拓展研发融资渠道，提高风险管理能力。四是要改进绩效评估机制，建立健全以创新价值、创新质量、创新贡献为导向的评价体系，完善创新奖励和容错纠错机制，最大限度调动研发人员积极性。

总之，研发创新投入是企业发展的重中之重，事关产业转型升级和经济高质量发展的全局。进入新时代，必须充分认识加大研发投入的重要性和紧迫性，完善支持企业研发创新的政策供给，加快构建以企业为主体、市场为导向、产学研深度融合的技术创新体系。

三、创新生态系统与经济发展

创新生态系统是指创新主体在特定制度环境下形成的网络化、生态化的互动合作系统，涵盖了企业、高校、科研机构、金融机构、中介服务机构等创新资源。良好的创新生态系统，通过塑造开放包容、协同高效的制度环境，推动各类创新资源按照市场化方式优化配置，形成错位发展、互利共赢的创新网络。良好创新生态是推动高质量发展的重要基石。反之，如果缺乏健康的创新生态，创新主体各自为政、单打独斗，创新要素无序流动、低效配置，必将阻碍创新活力释放，制约创新驱动发展。

创新型国家建设迈出坚实步伐，基础研究、应用研究和成果转化体系更加完善，产学研深度融合的创新网络加快形成，一批国家实验室、国家重点实验室、国家技术创新中心加快布局。同时，大众创业、万众创新蓬勃开展，创新创业热情持续高涨，一批科技领军企业、"专精特新"中小企业脱颖而出，新动能加速成长，发展动力动能明显增强。

但也要清醒认识到，对标国际先进水平，我国创新生态系统在系统性、开放性、协同性等方面还存在一定短板，尚不能完全适应高质量发展要求。主要表现为：一是国家创新体系有待进一步完善。基础研究投入不足，创新链、产业链、资金链协同不够，关键核心技术受制于人，产业链供应链自主可控能力有待提升。二是创新主体培育有待进一步加强。高校、科研院所的基础性、前沿性、原创性研究仍显薄弱，企业创新主体地位尚未充分确立，国有企业创新能力与竞争力不强，中小企业创新发展面临诸多困难。

面对新形势新挑战，必须加快健全社会主义市场经济条件下新型举国体制，破除体制机制障碍，不断完善国家创新体系，着力打通科技、产业、金融通道，加速形成主体协同、区域协同、军民协同、产学研深度融合的创新生态。要完善科技成果转化机制，健全成果转化利益分配政策，充分调动科研人员的积极性，加快打通基础研究、应用开发、成果转化、产业发展通道。要集中力量破解"卡脖子"难题，实施好关键核心技术攻关工程，聚焦高端芯片、基础软件、先进基础材料等领域，组织实施一批具有战略性全局性影响的国家重大科技项目。要强化企业创新主体地位，支持领军企业组建创新联合体或技术创新中心，带动中小企业融通发展，推广大中小企业融通创新典型模式和经验。要深入实施区域协调发展战略，打造协同发展的区域创新共同体。支持有条件的地区建设综合性国家科学中心，增强区域创新中心对全国创新发展的辐射带动能力。

与此同时，要不断优化创新生态环境，厚植创新沃土，让创新生根落地、遍地开花。要持续加大基础研究投入，优化科技资源配置，为科技创新提供持续稳定的支持。要加快建设高水平研究型大学，积极引进海外高层次人才，为科技自立自强提供强大人才支撑。要大力弘扬科学家精神，加强科研诚信建设，实行更加开放、更加透明、更加服务化的科技管理，激发广大科技工作者的积极性、创造性。要加快发展科技服务业，建立专业化的科技中介服务机构，提高科技中介服务能力，为创新活动高效开展提供有力支持。要积极发展天使投资、创业投资，更多采用市场化机制引导社会资本支持创新创业。

四、创新政策与企业创新激励

一般而言，创新政策的目标是充分发挥创新的引领作用，聚焦国家战略需求，着力破解制约创新发展的体制机制瓶颈，为企业创新发展营造良好环境。从供给侧视角看，要不断优化创新政策工具箱，着力解决市场失灵、政府失灵的问题，加强关键核心技术攻关、基础研究等薄弱环节，促进科技成果转化应用，加快构建高效协同、开放包容的创新生态。从需求侧视角看，要立足满足人民日益增长的美好生活需要，着眼产业转型升级和高质量发展，以需求为牵引加大创新投入，推动创新链、产业链、供应链深度融合，培育新动能、抢占新赛道。总的来看，创新政策要坚持问题导向，聚焦短板弱项精准发力，增强供给侧结构性改革的前瞻性、系统性，以高质量的创新供给引领和创造需求。

事实上，创新政策能否取得实效，很大程度上取决于能否激发企业内生动力。从微观视角看，要进一步深化国资国企、民营经济、科技体制等领域改革，优化企业内外部的创新激励机制。一是深化国有企业分类改革，加快建设创新型国有企业。推动国有资本更多投向关系国家安全、国民经济命脉的重要行业和关键领域，加快国有经济布局优化和结构调整。推进国有企业混合所有制改革，探索事业部制、赋予科技人员更大的人财物支配权、对科技人员实行超额利润分享等改革举措。二是弘扬企业家精神，完善促进民营经济发展的制度环境。健全平等保护、平等准入、公平监管的市场规则，保护民营企业家合法财产权益，完善民营企业融资增信支持政策，强化知识产权司法保护。三是深化科技奖励制度改革，充分调动科技人员积极性。完善以创新能力、质量、贡献、绩效为导向的科技人才评价体系，建立健全科研诚信制度，探索赋予科研人员职务科技成果所有权或长期使用权，提高科研人员成果转化收益分享比例。四是健全科研机构现代院所制度，深化高等院校科技创新体制机制改革。推动高校、院所建立以学术为导向、以创新为目标、以绩效为杠杆的内部治理架构，赋予科研人员更大的人财物自主支配权。建立健全高校、院所科技成果转移转化机制，完善高校院所科研人员收益分配机制。

毋庸讳言，我国创新政策体系经过多年发展，在增强自主创新能力、营造良好创新生态等方面发挥了重要作用，但仍存在一些亟待解决的问题：一是政策碎片化问题依然突出，不同政策目标、实施主体、配套措施之间协调性不够，政策合力有待进一步增强；二是政策供给与企业需求的匹配度有待提高，政府职能转变还不到位，对企业创新的微观管理、直接干预较多，市场在创新资源配置中的决定性作用发挥不充分；三是政策实施的精准性、有效性有待加强，普惠性政策落实不到位，针对性帮扶措施不多，对科技型中小企业、战略性新兴产业等重点领域支持力度不够；四是政策制定的民主性、科学性有待提高，对企业、社会的诉求反映不够，第三方评估、公众参与等机制不健全，政策实施效果评估反馈机制有待完善。对此，必须坚持问题导向，加快优化创新政策供给，着力破除体制机制障碍，不断提高政府科学决策、民主决策水平，加快形成支撑高质量发展的创新政策体系。

未来创新政策制定，应坚持战略性和前瞻性，加强政策统筹谋划，强化创新政策与产业政策、人才政策等的协调配套，在国家重大发展战略框架下系统部署创新政策，优化组合式政策工具，着力提高宏观政策制定的系统性、整体性、协同性。要坚持需求导向，创新政策供给方式，建立健全企业家参与涉企政策制定的机制，完善企业创新需求收集、分析、反馈机制，促进政策供给和企业需求精准匹配、有效对接。要坚持普惠性与差异化相结合，在大幅提高创新普惠性政策实施力度的同时，聚焦产业链供应链薄弱环节，加大对战略性新兴产业、科技型中小企业的精准帮扶力度。

第三节　知识产权保护与经济发展

一、知识产权的法律框架与保护机制

知识产权是指创造者对其智力劳动成果依法享有的专有权利，是知识经济时代的核心资产。知识产权法律制度在激励创新、促进知识传播、维护公平竞争等方面发挥着不可或缺的作用。从总体上看，知识产权法律体系主要包括专利法、商标法、著作权法、反不正当竞争法等构成要素，分别从不同方面规范和协调权利人与社会公众之间的利益关系。

专利法保护的客体是发明创造，旨在通过赋予发明人在一定期限内对其发明成果的独占性权利，鼓励技术创新，推动产业进步。各国专利法一般规定，任何单位或个人对其所完成的发明创造，均可依照法律规定向专利行政部门提出专利申请。经审查符合授权条件的，由国家授予专利权，允许专利权人在法定期限内独占实施其发明，他人未经其许可不得实施。专利权期满后，专利技术进入公共领域，任何人均可自由实施。可见，专利制度在促进发明创造和知识共享之间达成了微妙平衡。

商标法保护的是商品或服务的标识，其核心是通过法律手段保护商标专用权，维护市场正当竞争秩序。依法注册的商标受法律保护，权利人享有商标的独占性使用权，未经许可，任何人不得擅自使用与其相同或近似的商标。商标专用权没有期限限制，只要权利人持续使用并及时缴纳续展费用，可以永久性独占。驰名商标则可以突破注册原则，在更大范围内受到保护。可见，商标法在激励企业重视商誉、塑造品牌方面发挥重要作用。

著作权法保护的是文学、艺术和科学领域的作品，赋予作者对其创作成果的专有权利。著作权保护的内容包括复制、发行、展览、表演、改编、翻译等财产性权利，以及发表、署名、修改等人身性权利。著作权自作品创作完成时自动产生，无需履行登记手续。我国著作权的保护期限一般为作者终生及其死亡后五十年。为平衡作者与公众利益，著作权法还规定了合理使用、法定许可、强制许可等制度，在特定情形下允许他人未经著作权人许可使用作品。

反不正当竞争法在知识产权法律体系中具有基础性地位，其宗旨是制止各种不正当竞争行为，维护公平有序的市场环境。虽然反不正当竞争法并未直接规定具体知识产权的归属和内容，但其禁止的许多行为与知识产权保护密切相关，如擅自使用知名商品特有的名称、包装、装潢，假冒他人专利等。这些规定是对专利法、商标法等单行法的必要补充，共同构筑起权利保护的法律长城。

知识产权的法律保护离不开行政执法与司法保障。一方面，知识产权行政管理部门负责管理专利、商标、著作权的申请和登记，查处各类侵权行为，配合司法机关开展知识产权诉讼等。这种综合运用行政手段维护权利人合法权益的做法，能够及时有效地制止侵权，在诉讼之外为权利人提供了便捷的救济渠道。另一方面，司法保护是知识产权保护的最后防线。知识产权权属纠纷、侵权诉讼等需要通过司法程序依法裁决。完善的知识产权审判体系，公正高效的诉讼程序，是维护权利人合法权益，营造良好创新环境的重要保证。

二、知识产权与企业创新的关系

在市场经济条件下，知识产权制度通过赋予创新者在一定时期内对其创新成果的排他性权利，使其能够获得高于竞争对手的超额利润，从而获得持续创新的动力。从这个意义上说，知识产权制度是调动全社会创新积极性的基础性制度。

对企业而言，知识产权是参与市场竞争的核心资源和竞争优势之源。企业通过申请专利保护其技术创新成果，防止竞争对手效仿，从而在一定时期内占据行业技术制高点，树立技术壁垒；通过注册商标、申请驰名商标，企业能够将创新成果转化为市场声誉和品牌影响力，获得消费者青睐；通过对作品享有著作权，文化创意企业能够有效控制作品的传播渠道和方式，获得持续性版税收益。由此可见，知识产权已成为现代企业核心竞争力的关键组成部分。

但从另一个角度看，知识产权的排他性也可能阻碍创新的传播和应用。一些企业利用手中的核心专利，通过拒绝许可等方式阻挠竞争对手的技术研发，导致产业内创新资源分布不均、创新要素流动不畅。同时，知识产权的地域性特征，使跨国企业可能利用国际间知识产权规则差异，实施专利壁垒、技术封锁等策略，人为设置创新障碍。为此，有必要在加强知识产权保护的同时，引导和规范权利人行为，防止知识产权被滥用，维护公平竞争的创新生态。

企业积累和运用知识产权的过程，本质上是价值创造的过程。这就要求企业必须把知识产权管理嵌入创新链条的各个环节，围绕知识产权布局、知识产权挖掘、知识产权运用等开展系统性管理。在研发环节，企业要通过专利检索、商标查询等方式，全面了解行业最新技术动向和竞争对手布局，审慎评估研发方向的知识产权风险，尽早采取规避设计等应对措施。在生产制造和营销环节，企业要通过强化内部管理，防止技术秘密外泄，通过合同约定明确交易各方的知识产权归属，防范侵权风险。在维权环节，企业要树立知识产权诉讼意识，一旦发现侵权行为，要及时固证、起诉，综合运用民事、刑事、行政等法律手段维护自身合法权益。

总之，知识产权制度通过激励创新，引导资源合理配置，推动技术进步，已成为现代企业参与市场竞争的制度基础。这就要求企业必须审时度势，树立知识产权战略思维，在加快知识产权积累的同时，注重知识产权布局，在重视知识产权创造的同时，加强知识产权运营，不断提升知识产权管理水平，将知识产权战略有效嵌入企业发展全局，真正实现知识产权驱动发展。

三、知识产权保护与国际贸易

知识产权保护与国际贸易的关系错综复杂，既有促进一体化发展的一面，也存在保护主义的另一面。从积极的一面看，知识产权保护有利于促进全球创新资源合理流动，推动国际分工深化，改善资源配置效率。在比较优势理论指导下，发达国家凭借知识和技术优势，通过专利许可、技术转让等方式，将其先进生产力转移到发展中国家，带动了发展中国家产业发展和结构升级。发展中国家则依托其资源、劳动力等禀赋优势，通过模仿学习、消化吸收等路径，掌握发达国家先进技术，实现了后发优势和经济赶超。

然而，知识产权问题在国际贸易领域也催生了诸多矛盾冲突。发达国家往往利用其在知识产权领域的优势地位，通过签订双边或区域性自由贸易协定等方式，推行严格的知识产权保护标准，进而巩固其在全球产业链、价值链高端的垄断地位。而对发展中国家而言，这些标准并不完全适应本国产业发展水平和利益诉求，反而限制了获取先进技术的途径，加剧了国际分工格局中的不平等。部分发达国家还常以知识产权保护为名，对发展中国家实施单边制裁，干预他国内政，借知识产权问题对发展中国家施加政治压力，谋求不正当利益。

应对知识产权领域的国际矛盾与分歧，关键是坚持平等协商，在契约精神和互利共赢原则基础上，推动知识产权国际规则朝着均衡、包容、非歧视的方向发展。既要尊重知识产权基本原理和国际公约，也要照顾不同国家的发展水平和现实需求，避免强制推行"一刀切"的保护标准。要坚决反对滥用知识产权损害自由贸易，反对将知识产权政治化、工具化。要推动完善世界贸易组织框架下的知识产权规则，努力消除发达国家与发展中国家在知识产权保护与利用方面的分歧，在制度层面为发展中国家获取新技术留出空间。同时，要加强与广大发展中国家的知识产权交流合作，推动南南知识共享，促进创新资源在更大范围流动。

总之，知识产权保护是国际贸易和全球化进程中的重大课题。推动建立公平合理的国际知识产权规则，是维护多边贸易体制、构建人类命运共同体的题中应有之义。这就要求必须秉持开放包容理念，坚持互利共赢原则，在尊重彼此核心关切的基础上，加强知识产权领域的国际对话交流，努力探索一条惠及各方的知识产权合作共赢之路。唯有如此，才能消除隔阂，续写共赢，推动全球知识产权事业健康发展。

四、知识产权保护政策与经济发展

知识产权保护既要靠法律手段，更要靠政策引导。近年来，国家把知识产权保护作为全面深化改革和建设创新型国家的重要内容，出台了一系列政策举措。通过实施国家知识产权战略，不断健全知识产权法律制度，加大知识产权执法维权力度，营造了尊重知识、崇尚创新的社会氛围。制定专利、商标、版权等专项发展规划，加快推进知识产权强国建设。深化知识产权管理体制机制改革，组建国家知识产权局，实行专利、商标、地理标志统一管理，着力破除体制性障碍，提高行政效能。推动建立知识产权审判体系，加强知识产权司法保护。这些政策的密集出台和有效实施，标志着知识产权保护已上升为国家意志，为推动实体经济高质量发展、营造国际一流营商环境提供了根本保障。

当前，以新一轮科技革命和产业变革为主要特征的经济发展新阶段对知识产权保护提出了新的更高要求。必须准确把握知识产权事业面临的新形势新挑战，以更大力度、更实举措加强知识产权保护，更好发挥知识产权制度在国家治理体系和治理能力现代化中的重要作用。知识产权保护与经济发展密不可分，已成为衡量一个国家核心竞争力的关键要素。只有全面加强知识产权保护，激发全社会创新活力和发展动力，推动经济发展从要素驱动、投资驱动转向创新驱动，经济才能行稳致远。

第四节　创新政策与经济发展策略

一、国家创新体系的构建

国家创新体系是指一国内部各类组织机构围绕科技创新所形成的相互关联、相互作用的有机整体。其基本构成要素包括企业、高校、科研机构、政府、中介机构等，通过体制机制安排实现各要素的有效配置和协同。构建完善、运行高效的国家创新体系，是实现创新驱动发展、建设创新型国家的制度基础。

国家创新体系建设要坚持系统观念，在总体谋划、顶层设计基础上，注重发挥不同创新主体的比较优势，推动政产学研深度融合，实现资源共享、优势互补、协同创新。关键是要正确处理好政府和市场的关系。一方面，要更好发挥政府在创新方向把握、环境营造、资源配置等方面的引导作用，加大财政科技投入，完善创新政策供给，为创新发展提供制度保障。另一方面，要充分发挥市场配置资源的决定性作用，强化企业创新主体地位，激发和保护企业家精神，让市场真正成为检验创新成果的试练场。

构建国家创新体系，根本目的在于突破关键核心技术，掌握发展主动权。

当前，一些国家凭借其在高端芯片、基础软件、关键元器件等领域的垄断优势，对我国实施技术封锁和产业链"卡脖子"，已成为制约我国经济社会发展的严重隐患。必须以国家战略需求为导向，集中力量开展关键核心技术攻关，坚决打好关键核心技术攻坚战。要发挥新型举国体制优势，强化国家战略科技力量，组建国家实验室，重点布局一批国家重点实验室，形成高水平基础研究体系。支持有条件的行业骨干企业牵头组建创新联合体，开展产业共性关键技术、前沿引领技术、颠覆性技术创新。同时，要立足国内大循环，畅通国民经济循环，扩大优质创新产品和服务有效供给，推动科技、产业、金融良性循环。

高校是国家创新体系的重要组成部分，是基础研究和原始创新的主力军。必须以深化科教融合为主线，统筹推进高校人才培养、科学研究、社会服务、文化传承创新，提升高校基础研究和关键领域创新能力，更好地为经济社会发展提供人才和智力支撑。要支持有条件的高校牵头或参与国家重点研发计划，在前沿交叉领域组织开展战略性、前瞻性研究。同时，要更加注重基础研究与应用开发的结合，围绕产业发展需求，加快科技成果转移转化，促进高校创新资源有序流动和优化配置。此外，还要充分发挥高校人才培养的基础性作用，深化产教融合、校企合作，大力培养创新型、应用型、复合型人才，为国家创新发展提供坚实的人才支撑。

科研院所在我国创新体系中占据重要地位，主要承担基础性、战略性、前瞻性研究任务。科研院所与高校既有分工又有合作，发挥着基础研究和应用基础研究的骨干作用。新时期要按照聚焦目标导向、强化开放协同的原则，加快科研院所分类改革。对从事基础前沿研究的机构，要强化科技自主权，围绕国家战略需求，超前谋划布局，加强多学科交叉融合，多出原创性成果。对应用导向类机构，要突出需求导向，围绕重点产业，加强关键核心技术攻关，加快促进科技成果转移转化。要更加注重科研院所与高校、企业的开放合作，集成优势资源，组建协同攻关的联合体，提升协同创新能力。

企业在国家创新体系中具有关键地位，既是技术创新的主体，也是成果转化的主力。经过多年改革发展，我国企业的创新主体地位明显增强，研发投入持续攀升，一大批创新型领军企业加速成长。但总体而言，企业自主创新能力不强、关键核心技术受制于人的问题仍然突出，企业创新生态有待进一步优化。必须坚持企业技术创新主体地位，落实促进科技成果转化法，完善职务科技成果权属制度，充分调动企业参与创新的积极性。支持行业骨干企业牵头组建创新联合体，推行"揭榜挂帅"等机制，开展关键核心技术攻关。加大对中小微企业创新的政策扶持力度，完善财税、金融等普惠性创新政策，为中小企业营造良好的创新生态。

二、创新政策的目标与实施

科学制定和有效实施创新政策，对于发挥创新在现代化建设全局中的核心作用、推动经济高质量发展具有十分重要的意义。创新政策是指政府运用财政、金融、产业、人才等一系列配套措施，激励和引导创新活动的行为规范。其政策目标主要体现在四个方面：一是要发挥创新的引领作用，围绕国家重大战略需求，着力破解"卡脖子"技术难题，在关键核心领域取得重大突破；二是要促进科技与经济深度融合，加快科技成果转化应用，推动战略性新兴产业发展壮大，培育新动能、形成新优势；三是要优化创新资源配置，加强基础研究和应用基础研究，改革科技项目组织管理方式，提高创新资金使用效率；四是要营造良好创新生态，深化科技体制机制改革，调动各类创新主体积极性，激发创新活力和创造潜力。

在创新政策实施上，要坚持问题导向、目标导向，聚焦影响和制约创新发展的突出矛盾和瓶颈制约，在政策供给侧发力，不断增强针对性和有效性。一要完善鼓励原始创新的政策。加大基础研究投入，优化资金管理，对关系国家战略需求和长远发展的重大科学问题、关键核心技术，给予长期稳定支持。对企业投入基础研究实行税收优惠，落实好研发费用加计扣除等税收优惠政策。二要健全有利于成果转化的政策体系。完善科技成果使用权、处置权、收益权管理，促进科技成果资本化、产业化。健全职务科技成果转化激励机制，赋予科研人员职务科技成果所有权或长期使用权，提高科研人员收益分享比例。大幅提高科技成果转化年度奖励额度，充分调动科研人员创新创业积极性。三要加大创新人才培养引进力度。实行更加开放的人才政策，畅通海外人才来华工作绿色通道，为海外科学家在华工作提供具有国际竞争力的待遇。加快建设国家人才中心，实施国家高层次人才特殊支持计划，用好用活国家重大人才工程，分类推进人才队伍建设。四要优化区域创新布局。加快老工业基地转型升级，培育区域经济发展新动能。

创新政策的有效实施，离不开精准施策、协同联动。要坚持一业一策、一区一策，根据不同产业所处发展阶段和比较优势，实施差异化支持措施。对关系国计民生和产业竞争力的重点领域，要给予重点倾斜；而对传统产业，则重在支持转型升级、绿色化发展。要统筹国家和区域创新布局，科学确定功能定位，合理配置创新资源，发挥中心城市辐射带动作用，促进区域创新协调发展。此外，创新政策涉及多个部门，需要从中央到地方形成工作合力。要完善部门协同、上下联动的创新政策落实机制，加强监测预警和跟踪问效，定期开展政策评估，及时优化调整，确保政策可持续、可落实。

三、创新政策与产业升级

创新是引领发展的第一动力，产业是国民经济的主战场。创新政策与产业政策相互交织、相互促进，共同服务于国家发展战略全局。当前，我国正处在转变发展方式、优化经济结构、转换增长动力的攻关期，必须以深化供给侧结构性改革为主线，加快建设现代化经济体系，推动经济发展质量变革、效率变革、动力变革。而这一切，归根结底要依靠创新驱动，靠创新政策引领和带动产业转型升级。

从总体来看，一要巩固传统产业优势。支持传统产业加快技术改造，运用物联网、大数据等新一代信息技术，推进智能化、绿色化、服务化改造，使产业焕发新的生机与活力。二要增强产业创新能力。瞄准世界科技前沿，加强关键核心技术攻关，加快新兴产业发展，培育先发优势。三要提升产业链水平。围绕补齐短板、锻造长板，打造国际竞争力强、现代化水平高的产业链。四要打通产业循环堵点。加快科技成果产业化，畅通创新链、产业链、价值链，不断提高经济循环效率。

具体而言，创新政策要重点服务于推动制造业高质量发展，提升制造业核心竞争力。制造业是技术创新的主战场，工业是立国之本、兴国之器。要深入实施创新驱动发展战略，围绕产业基础高级化、产业链现代化，完善创新政策供给。大力发展智能制造，加快新一代信息技术与制造业深度融合，打造一批国际领先的制造业创新平台。支持优势行业组建创新联合体，开展协同攻关。健全首台（套）重大技术装备保险补偿和首批次应用奖励机制，降低企业创新风险。

围绕战略性新兴产业培育，要制定国家战略性新兴产业发展规划，聚焦新一代信息技术、生物技术、新能源、新材料等重点领域，前瞻布局未来产业。支持有条件的地区建设若干国家战略性新兴产业创新发展试验区，打造特色产业集群。探索建立军民融合创新体系，促进军民科技成果双向转化。加快数字经济、平台经济发展，培育新产业、新业态、新模式。推动现代服务业创新发展，支持生产性服务业向专业化和价值链高端延伸。大力发展服务贸易，优化服务外包产业布局，打造国家服务外包产业集聚区。创新政策要立足于优化区域产业分工和空间布局。健全区域联动发展机制，完善产业转移、园区合作、飞地经济等配套政策，促进各类开发区创新发展，形成梯次有序、优势互补、各具特色的区域经济布局。

四、创新政策与区域经济发展的协同

区域经济是国民经济的基本构成，区域创新是国家创新体系的重要支撑。推动区域经济高质量发展，关键在于找准各区域发展定位，发挥比较优势，实现错位发展、协同发展。而这必须依托创新驱动，以创新政策的精准供给和有效实施，破解区域发展不平衡不充分问题，推动区域经济布局优化和结构调整，不断增强区域发展的协调性、均衡性、包容性。

科学制定区域创新政策，要立足比较优势，因地制宜、分类指导，形成各具特色、优势互补的区域创新格局。对于东部地区，要发挥其人才、资本、技术等创新资源富集的优势，率先布局探索原始创新、颠覆性创新，加快向价值链高端攀升，打造全国乃至全球有影响力的区域创新中心。对于中西部地区，要立足资源禀赋，发挥要素成本优势，重点发展特色优势产业，提升产业链水平，探索资源型经济向创新驱动转变的路径。对于东北地区，要加快新旧动能转换，聚焦高端装备制造等优势领域，推动传统产业改造升级。对于革命老区、民族地区、边疆地区等欠发达地区，要完善差别化创新扶持政策，加大对基础设施、公共服务等薄弱环节的支持，补齐区域创新短板。

区域创新离不开科学合理的功能布局和分工协作。要发挥国家创新区域中心城市的引领带动作用，强化创新资源集聚辐射功能，增强对周边区域发展的带动力。支持有条件的中心城市建设综合性国家科学中心，带动区域协同创新。推动京津冀、长三角、粤港澳大湾区等区域率先建成引领高质量发展的创新共同体，在科技资源共享、产业分工协作、市场一体化运行等方面走在前列。同时，要发挥区域内各类开发区、高新区的创新集聚功能，完善"园区+创新"模式，打造特色鲜明、错位发展的区域创新增长极。

区域协同创新，要以共建共享为导向，打通区域间创新链、产业链、价值链。京津冀、长三角、粤港澳大湾区等区域要在更高起点谋求创新合作，共同制定区域创新规划，协同布局重大创新平台，联合开展关键核心技术攻关，加强科技基础设施共建共享。推动区域间开展科技资源共享共用，完善技术转移、成果转化机制，促进创新链与产业链深度融合。鼓励区域间联合共建众创空间、科技企业孵化器等科技创新载体，畅通人才双向流动渠道。同时，还要注重发挥区域内各类主体的协同效应，支持高校、科研院所与龙头企业共建产业创新联盟，开展协同攻关，带动中小微企业专业化发展，提升区域产业链现代化水平。

此外，推动区域创新发展，还必须探索形成区域联动的体制机制。要建立健全区域创新合作的规划引领机制，制定区域创新政策、规划、标准，为创新活动提供坚实的制度保障。构建多元投入、市场化运作的区域创新投融资机制，鼓励社会资本参与区域重大科技项目，拓展区域创新的资金渠道。完善创新绩效评价和利益分配机制，合理确定区域内创新利益分享规则，调动各个创新主体的积极性。加强区域创新的法治化建设，强化知识产权司法保护，营造公平竞争的区域创新环境。

总之，区域经济发展与创新驱动是相辅相成、相互促进的。推动高质量发展，必须立足区域实际，增强创新政策的精准性、差异性、协同性，在全国一盘棋中推动区域创新合作，在区域分工中形成创新发展新格局，走出一条分工有序、错位发展、各展所长的区域协调发展新路子。只有处理好全国与区域的关系，发挥中心城市辐射带动功能，培育壮大区域经济发展新动能，才能不断增强区域发展的平衡性、协调性、包容性，夯实构建新发展格局的区域经济基础。

参考文献

［1］陈傲. 浅谈企业信用管理体系构建过程的工商管理运用［J］. 人力资源管理，2017（5）：357-358.

［2］陈春花. 中国本土行业领先企业成功模型［J］. 管理学报，2008，5（3）：330-335.

［3］陈怀超，梁晨，范建红，何智敏. 组织特征和制度距离对在华外资企业社会责任绩效的影响——基于 fsQCA 和 NCA 方法的研究［J］. 管理评论，2023，35（2）：280-293.

［4］戴永辉，闫柯鑫，王思懿. 学科交叉融合人才培养模式下课程建设探索——以工商管理专业为例［J］. 创新创业理论研究与实践，2022，5（4）：85-87.

［5］杜运周，马鸿佳. 复杂性背景下的创新创业研究：基于 QCA 方法［J］. 研究与发展管理，2022，34（3）：1-9.

［6］高宏. 浅议我国工商行政管理机制［J］. 商业文化（学术版），2009（9）：108-109.

［7］高昕，苏敬勤. VUCA 时代本土管理情境特征的结构化演化研究［J］. 管理工程学报，2024，38（2）：8-20.

［8］郭重庆. 中国管理学界的社会责任与历史使命［J］. 管理学报，2008，5（3）：320-322.

［9］哈静. 应用型高校新商科实践教学研究［J］. 科技创业月刊，2022，35（5）：119-122.

［10］何瑛，张子怡，王砚羽. 跨学科交叉融合与工商管理专业转型升级路径探析［J］. 新文科理论与实践，2023（3）：79-88.

［11］贾良定. 关于当前我国组织管理研究的思考［J］. 南大商学评论，2021，18（2）：138-146.

［12］逄艳波，王玥. 浅析工商管理对经济发展的促进作用［J］. 商场现代化，2013（7）：100-101.

［13］李晓华. 垂直解体和网络范式下的企业成长［J］. 南开管理评论，2006，9（5）：89-94.

［14］刘骏. 工商行政管理职能的目标定位［J］. 宁波工程学院学报，2000，16（3）：36-38.

［15］柳方堃. 企业工商管理现状与发展方案探索——以民营企业为列［J］. 现代商业，2020（2）：124-126.

［16］罗丹. 管理学术界与企业界脱节的问题分析［J］. 管理学报，2008，5（3）：336-339.

［17］万江涛. 新时期工商管理的职能解析［J］. 经济视野，2013（20）.

［18］王绪正. 市场监管风险及其防控——基于工商行政管理视角的研究［J］. 云南社会科学，2014（1）：11-15.

［19］王雅鹏，胡柳波，吕丹. 关于新商科发展的思考［J］. 高等农业教育，2020（4）：25-29.

［20］王永丽，邓静怡，任荣伟. 授权型领导、团队沟通对团队绩效的影响［J］. 管理世界，2009，25（4）：119-127.

［21］魏峰，袁欣，邸杨. 交易型领导、团队授权氛围和心理授权影响下属创新绩效的跨层次研究［J］. 管理世界，2009，25（4）：135-142.

［22］吴秀婷. 解析工商管理对促进经济发展的影响［J］. 全国商情，2012（9）：19-20.

［23］徐长浩. 工商行政管理理论思考［J］. 中国工商管理研究，2009（2）：25-26.

［24］辛彩霞. 市场经济条件下政府管理对经济发展的促进作用思考［J］. 中

外企业家，2020（12）：77-77.

［25］杨俊，金敖，叶文平. 创业决策的科学方法：前置因素的延伸讨论
［J］. 管理学季刊，2022，7（4）：26-39.

［26］姚冰. 如何在论经济结构转型背景下创新企业工商管理模式［J］. 市场
瞭望，2023（17）：99-101.

［27］赵云. 日常管理就是训练——日本松下公司的在职培训［J］. 中国人力
资源开发，1998，15（3）：44-45.

［28］张仁寿，覃梓盛. 产业结构演变与高技能人才供求关系研究——高技能
人才对广东经济发展的贡献评价［J］. 全国商情，2009（12）：10.

［29］张奕. 论新时期工商管理对经济发展的促进作用［J］. 东方企业文化，
2015（3S）.

［30］张玉利. 管理学术界与企业界脱节的问题分析［J］. 管理学报，2008，
5（3）：336-339.